核心素养下的语文课堂教学实践

包树珍 著

华文出版社
SINO-CULTURE PRESS

图书在版编目（CIP）数据

核心素养下的语文课堂教学实践 / 包树珍著. -- 北京：华文出版社，2023.9

ISBN 978-7-5075-5702-2

Ⅰ.①核… Ⅱ.①包… Ⅲ.①中学语文课—课堂教学—教学研究—高中 Ⅳ.①G633.302

中国国家版本馆CIP数据核字（2023）第074926号

核心素养下的语文课堂教学实践

著　　者：包树珍
责任编辑：刘超平
出版发行：华文出版社
地　　址：北京市西城区广外大街305号8区2号楼
邮政编码：100055
网　　址：http://www.hwcbs.cn
投稿信箱：hwcbs@126.com
电　　话：总编室 010-58336239　责任编辑 010-58336222
　　　　　发行部 010-58336267
经　　销：新华书店
印　　刷：三河市航远印刷有限公司
开　　本：710mm×1000mm　1/16
印　　张：13.75
字　　数：136千字
版　　次：2023年9月第1版
印　　次：2023年9月第1次印刷
标准书号：ISBN 978-7-5075-5702-2
定　　价：45.00元

版权所有　侵权必究

前　言

2017年《普通高中语文课程标准》颁布后，普通高中的语文教师压力骤增：什么是"学习任务群"？从前的"问题链"算不算"学习任务群"？每课每单元都必须设置学习情境吗？过去习惯的"教师设计问题—学生解答问题"的教学形式，还能用于当下的"学习任务群"教学吗？提倡大单元教学了，还需要单篇教学吗？……

毫无疑问，面对这些困惑，一线教师要做的就是一边学习文献，一边进行课堂实践，在二者的往复互证中不断解惑，逐步清晰。可以说，本书就是我遵循这一学习路径的收获。

关于学习文献，我认为一线教师应该首选语文教学研究专家的论著。因为这些专家或参与过《普通高中语文课程标准》的撰写与解读，或参与过统编教材的编写与培训，他们关于新课标和新教材的论著更具权威性。这些论著中，北京师范大学吴欣歆教授所著的《高中语文学习任务群教学笔记》，几乎解答了上述所有关于"学习任务群"的困惑，尤其值得高中语文教师反复学习。在这本书中，吴教授梳理了语文教育由追求"双基"到"三维目标"再到"核心素养"的变革历程，让我们清楚了语文教学改革的内在动因，让我们能够对照发现自己的教学理念还处于哪个阶段；梳理了语文教学组织形式的发展历程——文本为纲，知识为纲，行为训练为纲，核心素养为纲，让我们能够对照发现自己的教学组织形式属于哪种，与核心素养教学的差距在哪里；梳理了"学习任务群"中学习项目之间的组合关系——阶段化分解，多角度发散，螺旋式上升。吴教授在该书中也间接提出处理单元任务和单篇教学的一种思路，"（统编版高中语文必修下册）第六单元的五篇小说都是经典作品，需要挖掘的内容比较多，建议采用先分后总的思路，逐篇设计统整性学习活动，然后再综合整个单元的作品设计统整性学习活动"。这种"先分后总"的思路适用于由经典篇目组成单元的单元教学设计，也便于语文教师推进学习任务群的教学实践。

而李仁甫老师在《教学样态的时代转型》一文中，则从"教学样态转变"的角度，对"学习任务群"做出透彻的总结：

从"解读课文"到"落实任务"，从"串联问题"到"安排活动"，从"单飞内容"到"配置情境"，语文的教学样态正在进入"时代转型期"。课文，问题，内容——那是旧教学样态的关键词。任务，活动，情境——这是新教学样态的流行语。新的教学样态正超越旧的教学样态，但在"任务—活动—情境"的三重奏中切不可凌空蹈虚，不妨时时念想"课文—问题—内容"的三道底线。旧的教学样态并非一无是处，但在擦亮"课文—问题—内容"的三道底线时，要尽可能地创造条件，逐渐融入"任务—活动—情境"的三重奏中。新的教学样态与旧的教学样态，绝不是"非此即彼"。在时代转型中，前者由后者螺旋而上，对后者扬弃，将后者升格。……我们要掌握新的"方法论"——以"任务"为导向，以"活动"为主线，以"情境"为载体。

李仁甫老师透彻简明的总结，清楚地概括出"学习任务群"的教学样态与从前的教学样态的区别，让一线教师在比较中明确了"学习任务群"教学的实践要领。

一线教师还应该研读一些得到权威语文专家肯定的优秀课例设计。时至今日，在语文学科教学的专业杂志中，已经能找到所有单元的教学设计。研读这些优秀的课例设计，一线教师可以在微观层面揣摩理解，还可以直接借鉴或改造，在实际运用中提高自己的"学习任务群"教学能力。

《核心素养下的语文课堂教学实践》一书共分两章。第一章"思考篇"，收录了笔者近年撰写的教学论文，这些论文也是笔者的文献学习和课堂教学实践相结合的成果，内容涉及古诗文教学、《红楼梦》整本书阅读指导、议论文写作指导等。这些论文撰写时并非在学科核心素养语境下，但仍能适用于核心素养背景下的语文教学实践。由于笔者学养不足，加之写作初衷是指导课堂教学实践，因此，这些论文侧重实践而学理单薄。第二章"实践篇"，是笔者在不断学习新课标、阅读相关文献后，在对语文学科核心素养教学的理解逐渐深入的过程中完成的课例设计，教学效果全都在真实课堂教学实践中得到验证。其中部分教学设计与第一章"思考篇"的论文内容相匹配，力争做到理论阐释与课堂实践相结合，如两章的古诗文部分。这些教学设计都是基于笔者所面对的中等生的学情，故对语文学科的关键能力，如"理解、概括、阐释"，着力较多，单元统整性任务（包括情境任务）的设计相对单薄，有些单篇的教学设计项目化、活动化不够，需要教师直接讲解的环节不少。这跟笔者对"学习任务群"教学的领会不够深入，课堂实践次数过少有关。

总之，本书是笔者对核心素养背景下的高中语文教学思考与实践的一段记录，犹如"亲生的丑孩子"，虽倾力投入，但仍有颇多不足。在成书过程中，有幸得到众人的支持和鼓励。在此特别感谢吴欣歆教授的耐心指导，帮助我不断提升核心素养下语文教学的领悟力；感谢本书编辑刘超平老师的鼓励和帮助，细心指导对出版知识陌生的我完成此书；感谢和我默契如挚友的几位语文老师同我一起打磨教学设计并进行课堂实践验证，给我信心和底气。我必不辜负大家的鼓励，必将继续在核心素养背景下的语文教学之路上奋力前行。

包树珍

2022年6月

目 录 | Contents

第一章　思考篇

高中文言文教学应重视文言文的语言价值 / 003
高中文言文教学不可忽视的声音美 / 010
"随文学习"文学理论，构建品味语言的能力框架 / 018
对《红楼梦》整本书阅读指导策略的浅思考 / 028
质疑"一字定评"，构建《红楼梦》思辨性阅读的实践流程
　　——以"王熙凤毒设相思局"为例 / 040
正确归因与实施过程性评价
　　——高中议论文写作指导的关键 / 049

第二章　实践篇

发现文言之美
　　——"探究文言文的表达智慧"专题教学设计 / 059
诗意地对待人生的失意
　　——"生命的诗意"教学设计一 / 079

探究中国古诗的音韵之美

  ——"生命的诗意"教学设计二 / *097*

认识学习之道

  ——"学习之道"教学设计 / *108*

探究"文赋"的文体之美

  ——《赤壁赋》教学设计 / *127*

如何看待鸿门宴上项羽放走刘邦？

  ——"《鸿门宴》思辨性阅读"教学设计 / *139*

琐事淡语见深情

  ——《项脊轩志》教学设计 / *146*

目光中的祥林嫂

  ——《祝福》教学设计 / *154*

认识"精神胜利法"

  ——《阿Q正传》教学设计 / *163*

赏析"林黛玉进贾府"中"先犯后避"的叙事艺术

  ——"《红楼梦》重要情节精读"教学设计 / *173*

晴雯"巧"补雀金裘为何得"勇"评？

  ——"《红楼梦》回目思辨性阅读"教学设计 / *182*

构建审题、立意、构思的有效思考路径

  ——"做好议论文写前准备"教学设计 / *189*

利用"一材多用"法学习阐释论点

  ——"议论文写作分析能力提升训练"教学设计 / *202*

第一章　思考篇

高中文言文教学应重视文言文的语言价值

高中语文课程改革推进多年,但高中文言文教法并没有随之实质性地进阶,仍有一些教师会先带领学生逐字逐句地翻译文言文课文,消除文字障碍后再分析课文的思想内容,这种教法还时见于当下的高中语文课堂。在一些语文教师的认知中,翻译环节是为了夯实学生的文言文基础知识,也是为了保证学生能应对各类考试中理解类的题目,分析环节是为了继承文言文蕴含的中华优秀传统文化。这种将文言文学习转化为"翻译+白话文学习"的教法,事实上一直没有解决文言文教学低效的问题。多数学生在翻译环节就已经厌学,结果是文言文重点的实词、虚词、语法没有掌握,对文章的思想内容似懂非懂,只会做贴标签式的解说。

笔者以为,这种教法的病根儿在于一些教师对高中文言文的教学价值有认识误区。在高中文言文教学的三重价值——语言价值、文章(文学)价值、文化价值中,这些语文教师最重视的是文化价值,最忽视的是语言价值。笔者以为,文言文教学固然应当传承中华优秀传统文化,但是,将高中文言文的教学价值首先定位在文化价值上似有不妥。第一,目标本身难以量化。"中华优秀传统文化"本身就是一个宏大概念，难以在文言教材和课堂教学中具体化和量化，只凭一些教师自主确定，难免有随意解读甚至误读的风险。第二，学习结果难以评价。关于文言文教材里的"中华优秀传统文化"，有多少是学生未知而必须通过学习文言文课文而获得的？又应该让高中生了解到什么程度？并没有（也难有）明确的要求和测试手段。第三，混淆了长期目标和短期目标。传承中华优秀传统文化是文言文教学的长期目标，而高中文言文教学的近期目标也是首要目标，是培养这种继承的能力——文言文的阅读能力。上述教法就有把文言文教学的远期目标误作近期目标之嫌，最终影响了培养文言文阅读能力的教学效率。

我们再从另一个角度思考：如果文言文学习的目的是更好地吸收其中蕴含的中华优秀传统文化，那么让学生略过"读懂"环节，直接阅读、分析名家的译文，岂不是更省时更高效？事实上，大部分教师并没有这样做。这说明这些教师也意识到文言文有其语言层面的价值，只是对这种价值不甚明了，加之各种教学参考书也极少涉及语言价值，以致忽略了文言文教学的语言价值。这种忽略除了受"文以载道"观的影响外，还可能源自滞后的语言观——语言是思维的工具，是思想的物质外壳。把文言文看作古人思想的物质外壳，似乎只要（用翻译法）揭开这外壳，就能（像白话文一样）无障碍地汲取其中蕴含的优秀传统文化了。而新的语言观认为，语言就是人存在本身，而不仅是一种交往工具；任何语言在传递本民族文明的同时，也反映着该民族特有的思维方式。文言文正是这样一种反映中华民族特有思维方式的语言形式。所以，本文所说的重视文言文教学的语言价值，就是重视文言文背后所蕴含的中华民族特有的思维方式和表达智慧。

一、高中文言文的教学价值应首先定位于语言价值

从文言文的本质看，文言文是使用象形文字记事的书面语。象形文字笔画繁多，故文言文需要脱离口语简略记事，这虽然给后人带来了阅读上的难度，却也使得文言文避开不同地域的方言障碍和不同时代的语音变化等困难，最大限度地保存了中国古代传统文化。可以说，文言文蕴藏着古人在书写成本高昂时代的表达智慧。所以，学生学习文言文，应该首先探究文言文背后蕴藏的古人的表达智慧，进而产生对祖国语言文字的热爱之情，树立民族文化自信。这也正符合《普通高中语文课程标准》（2017年版2020年修订）的要求："把握祖国语言文字的特点和运用规律，加深对祖国语言文字的理解与热爱"[1]，"要让学生在语言文字运用的学习中受到美的熏陶"[2]。将高中文言文的教学价值首先定位于语言价值，完全符合语文学科核心素养的要求。

以《左传·僖公十六年》的"陨石于宋五"为例。将这句话还原为真实情境就是：听说有东西坠落，前去观察发现是陨石，数一数是五块。这样的语序，将陨石的发现过程和人

---

[1] 中华人民共和国教育部：《普通高中语文课程标准》（2017年版2020年修订），人民教育出版社2020年第2版，第1页。
[2] 同[1]，第2页。

们惊疑、探究、释然的心理过程都现场直播般呈现给读者。若译成现代汉语,就是"宋国落下五块陨石",则平淡无奇,完全看不出原句的表达之妙。再以《资治通鉴》(卷六十五)"赤壁之战"部分的"鲁肃独不言"一句为例,语境是孙权召集群臣议论如何应对曹操,张昭等人主张降曹,鲁肃反对。将这句话翻译成现代汉语,就是"惟独鲁肃不说话",原句与译句的区别是状语"独"的位置不同。仔细品味原句与译句,便可发现:译句只是客观地展示了"鲁肃不说话"的镜头,而原句除了表达出"鲁肃不说话"的意思之外,用"独"修饰"不言",还暗示出鲁肃的心理——他是有意不说话。这两个例子说明,原句体现出叙述者对读者感知体验的"尊重",而译句传递给读者的是经过叙述者加工的信息,叙述者"剥夺"了读者感知体验的权利。如果我们语文教师能够这样引导学生探究文言文的语言价值,探究文言背后蕴藏的古人的表达智慧,领略文言的魅力,何愁学生没有学习兴趣呢?

二、语言价值在文言文课堂教学中的实践要点

首先是文言语法现象,其次是富有表现力的词语,还有文言文的声音美感。关于文言文的声音美感,将另文详说,兹不赘述。下面结合具体例句从文言语法现象和富有表现力的词语两方面,来分析文言文的语言价值。

(一)文言语法

文言语法是文言文学习的难点,靠学生多读多记既低效又不现实。如果引导学生探究文言语法背后的语言价值,帮助

学生发现文言的表达美感,则既能提高学习效率,还有助于提升学生的语文学科素养。

1.词类活用的语言美感。

(1)名词作状语。

> **原文**:项伯亦拔剑起舞,常以身翼蔽沛公。
>
> (《鸿门宴》)
>
> **译文**:项伯也拔剑起舞,经常用身体像(鸟张开)翅膀一样掩护沛公。

经过诵读品味发现,原句比译句更简洁(简洁是文言文的显著特点),简洁的语言更符合当时人物命悬一刻的危急情境。但文言文也不是一味追求简洁,"翼蔽"比单用"蔽"字更具有画面感,更能形象地表现项伯极力维护沛公的迫切心情。

(2)动词的使动用法。

> **原文**:舞幽壑之潜蛟,泣孤舟之嫠妇。(《赤壁赋》)
>
> **译文**:能使深谷中的蛟龙起舞,能使孤舟上的寡妇哭泣。

经过诵读品味发现,原句更简洁,表意更精微。除了夸张地表现了箫声的感染力外,还表现了感受的过程:先看到幽谷里有物在舞动,然后仔细观察,原来是"幽壑之潜蛟"在舞动;先前"看不清"是什么东西,是位置"幽""潜"的缘故。听到女人的哭泣声,然后仔细了解,原来是"孤舟之嫠妇"在哭泣。相比之下,译句只是表达了一个事实而已。

2.特殊句式的语言美感。

原文：句读之不知,惑之不解,或师焉,或不焉。

（《师说》）

正常语序：不知句读,不解惑,或师焉,或不焉。

根据课文的背景知识可以看出,作者看不起"授之书而习其句读"的"童子之师",也鄙视只让"其子""习其句读"的家长们,所以宾语前置句"句读之不知"（连句读都不知）,鲜明地体现了作者的这种鄙夷情绪。这里,作者未多使用文字,仅通过句式的变换就实现了"表情达意"的效果,这也体现了"简洁"的价值。

（二）富有表现力的词语

1.动词。

例：

良问曰："大王来何操？"曰："我持白璧一双,欲献项王……"

（《鸿门宴》）

张良问沛公给项王带了什么礼物,用的是"操"字;而沛公回答时用的是"持"字。二人明明说的是同一件事,为何用两个不同的动词呢？细究一下,"操"比"持"的动作粗糙随意,张良用"操"字是有意显示在自己心目中沛公与项王地位分量相等;"持"的动作显得小心谨慎,沛公自知比不过项王,用"持"字无意间表现出自己内心的谦恭敬畏。

2.虚词。

例：

落霞与孤鹜齐飞，秋水共长天一色。

(《滕王阁序》)

先试着删去两个虚词，将原句变成"落霞孤鹜齐飞，秋水长天一色"。朗读诗句，然后体验与删前有何不同。从音韵节奏上看，原句为"落霞/与/孤鹜/齐飞，秋水/共/长天/一色"，修改句为"落霞孤鹜/齐飞，秋水长天/一色"。通过朗读比较发现，原句节奏舒缓从容，音韵绵长婉转，吟诵时给读者以回味和想象的余地；修改句节奏紧迫，音韵短促单调，使人无暇回味和想象。从表达内容来看，上句是写仰视所见，重在写"落霞"，"孤鹜"为衬托，"落霞"是怎样的落霞？与孤鹜齐飞的落霞。下句写俯视所见，重在写"秋水"，"长天"为衬托，"秋水"是怎样的秋水？和长天一色的秋水。两句合起来看，一上一下，一动一静，相映成趣，表现了滕王阁的绮丽景色，意境深远，让人回味无穷。如果删去"与""共"二字，就失去了景物的层次感，使得意境全无。可见，虚词在音韵上，起到了舒缓音节的作用，吟诵起来余韵悠长；在表意上，更能表现出景物的神韵，有助于营造意境。

高中文言文教学不可忽视的声音美

《普通高中语文课程标准》(2017年版2020年修订)中的"课程目标"有如下表述:"增进对祖国语言文字的美感体验。感受祖国语言文字独特的美,增强热爱祖国语言文字的感情。"[1]这里所说的"祖国语言文字的美感体验"和"祖国语言文字独特的美",无疑在古诗文中表现得最为突出。在高中语文课堂教学中,古诗文的形式美感(如对仗等)相对受到重视,而声音美感不大受重视,尤其是文言文的声音美感更是最受忽略。

一、文言文的声音美感来自哪里?

文言文的声音美感来自汉字的自身特点。首先,汉字的平、上、去、入四声,读起来自带抑扬顿挫的韵律美。其次,文言文以单音节词为主,句法的排列组合灵活自由,便于为了

---

[1] 中华人民共和国教育部:《普通高中语文课程标准》(2017年版2020年修订),人民教育出版社2020年第2版,第6页。

声音美而灵活组合。最后，文章中大量使用双声、叠韵、对偶、反复、顶真、互文等语言修辞方式，以及恰到好处的平仄和句式的整散结合，都使得文言文诵读起来节奏分明，音韵和谐。简言之，文言文的声音美感是古代作家有意追求的结果。

古代作家为何有意追求文言文的声音美？朱光潜的《诗论》第八章《中国诗的节奏与声韵的分析（上）：论声》中有几段论述，颇为透彻地说明了这一点。兹摘录如下：

> 双声叠韵都是要在文字本身见出和谐……有时不仅要声音和谐，还要它与意义调协。在诗中每个字的音和义如果都互相调协，那是最高的理想。音律的研究就是对于这最高理想的追求……谐声字（即形声字，笔者注）在音中见义，是音义调协的极端例子。……在中文里暗示意义的声音俯拾即是。……
>
> 音义调协不必尽在谐声字上见出。有时一个字音与它的意义虽无直接关系，也可以因调质暗示意义。……开齐合撮以及长短的分别也各有特殊的象征性。姑举例为证，"委婉"比"直率"……"沉落"比"飞扬"、"和蔼"比"暴躁"、"舒徐"比"迅速"，不但意义相反，即在声音上亦可约略见出差异。
>
> 音律的技巧就在选择富于暗示性或象征性的调质。比如形容马跑时宜多用铿锵疾促的字音，形容水流，宜多用圆滑轻快的字音。表示哀感时宜多用阴暗低沉的字音，表示

第一章　思考篇

乐感时宜用响亮清脆的字音。①

朱光潜先生的这段文字包含两层意思：一是诗的声音美不仅在于声音本身的悦耳，还在于声音与意义的调协（即声音对意义的暗示性）；二是声音与意义的调协是作者有意精心选择字音的结果。虽然朱先生的上述观点阐释的是中国古诗的声音美，但我们用来阐释文言文的声音美也完全说得通。这样，关于文言文的声音美，我们可以得出以下认识：文言文声音美的外在表现是音乐美，内在本质是追求声音与表意的调协，是为表意服务；而声音与表意的调协，必须借助诵读才能感知。古人"因声求气"的传统正是基于这样的认识。

二、文言文的声音美缘何在教学中受冷落？

尽管众多一线教师都知道"因声求气"的传统，但在实际的课堂教学中并没有充分重视它。首要原因是大家对古诗文"音义调协"的声音美本质认识不足，对古诗词的声音美尚且只关注到押韵，鲜少关注平仄和节拍，就更不要说文言文的声音美了。其次，古诗文阅读的目标多指向理解文章主题，极少有探究声音美这一项，所以在有些语文教师看来，朗读古诗文的教学环节不是为了"因声求气"，而是为了感知文意。在文言文的课堂教学中重理解、轻诵读的现象比较普遍，也是源于此。最后，也罕有探究文言文声音美的教学课例可供教学实践层面来借鉴。

---

①朱光潜：《诗论》，安徽教育出版社1997年版，第152—153页。

教师忽视文言文声音美的深层原因，其本质是忽视文言文教学的修辞价值。陈望道对修辞的定义是"修辞不过是调整语辞使达意传情能够适切的一种努力"[①]。修辞本义就是修饰言论，在使用语言的过程中，利用多种语言手段以收到尽可能好的表达效果的一种语言活动。依此理解，文言文的修辞价值就是文言文自觉追求"尽可能好的表达效果"的表达智慧，文言文的声音美正是修辞价值的一种体现。文言文教学固然应该也必须重视文言文内容层面的思想价值，但因此便忽视其语言层面的修辞价值，是文言文教学的极大损失。当下的文言文教学极力倡导"言文统一"的理念和教法，也是对忽视包括声音美在内的修辞价值的一种矫正。

三、文言文声音美的教学落实在何处？

高中文言文教学要加强对声音美的探究，教师除了阅读文献以"知其所以然"外，更重要的是确定文言文声音美的教学落点，将声音美的探究活动（即"因声求气"）付诸课堂教学实践。笔者以为文言文声音美的教学应该首选以下三点。

（一）文言虚词

单个虚词本身的声音美并不明显，用在文言句中时，声音与表意的一致性却很突出。另外，文言散文中虚词的声音美也常被忽视（其实，古诗词中也多被忽视）。因此，探究文言虚词的声音美更具有典型意义。

---

① 陈望道：《修辞学发凡》，上海教育出版社2001年版，第3页。

例：

> 月出于东山之上，徘徊于斗牛之间。（《赤壁赋》）

如果删掉两句中的虚词"于"和"之"，也不会影响句意，但"月出东山上，徘徊斗牛间"的语气明显短促生硬，与作者月夜泛舟赤壁的悠然心情不太调协。可见，虚词"于"和"之"使句子变得舒缓而抑扬顿挫，传递出悠然自得的韵味。

（二）文言句式

在文言散文教学中，多数教师很少会关注文言句式的声音美，少数教师也只是模糊地提及"语言优美，节奏感强，读起来朗朗上口"之类，很少关注到文言句式的声音效果与表情达意的一致性。

1.对仗句式的声音美。

例：

> 有席卷天下，包举宇内，囊括四海之意，并吞八荒之心。（《过秦论》）

"席卷""包举""囊括""并吞"的意思相同，"天下""宇内""四海""八荒"的意思相同，如果只用一句"有吞并天下之意"，也能表达秦国统一天下的想法。但作者铺排为两两对仗的四字句和六字句，节奏整齐又有变化，并且末句用"八荒之心"的四个平声，整组句子读起来节奏短促、尾音响亮绵长，充分表现出秦国野心勃勃、锐不可当的气势。

2.句式长短变化的声音美。

例:

> 于是六国之士,有宁越、徐尚、苏秦、杜赫之属为之谋,齐明、周最、陈轸、召滑、楼缓、翟景、苏厉、乐毅之徒通其意,吴起、孙膑、带佗、倪良、王廖、田忌、廉颇、赵奢之伦制其兵。尝以十倍之地,百万之众,叩关而攻秦。秦人开关延敌,九国之师,逡巡而不敢进。秦无亡矢遗镞之费,而天下诸侯已困矣。于是从散约败,争割地而赂秦。秦有余力而制其弊,追亡逐北,伏尸百万,流血漂橹;因利乘便,宰割天下,分裂山河。强国请服,弱国入朝。
>
> (《过秦论》)

对比品读发现,这段写了两层意思,第一层写六国人才众多,势力雄厚;第二层写秦国迎战九国。两层意思都使用了排比句,但句子长短不同。第一层使用长句,读起来声音连绵浩荡,这个声音效果与"人多势众"的意思调协一致;第二层使用短句,尤其"追亡逐北"开始的四字句,读起来节奏短促,整齐划一,这种声音效果与秦国迎战强敌的沉着冷静、势如破竹的气势调协一致。

3.句式整散结合的声音美。

例:

> 壬戌之秋,七月既望,苏子与客泛舟游于赤壁之下。
>
> (《赤壁赋》)

试把开头的散句"苏子与客泛舟游于赤壁之下"替换成整齐的四字句,即得到变式句:"壬戌之秋,七月既望,苏子与客,泛舟游荡,赤壁之下。"与原文对比诵读后发现,变式句都是"二二"节拍,节奏平平无变化,与作者泛游赤壁的愉悦之情不匹配;而原文在整句后插入散句,整散结合,使音韵有了抑扬顿挫的变化,与作者泛游赤壁的闲适愉悦之情更调协。

(三)用字的音义调协之妙

在文言散文中,为了准确地表情达意,优秀的作者在用字上会有意追求音义调协。

例:

> 于是饮酒乐甚,扣舷而歌之。歌曰:"桂棹兮兰桨,击空明兮溯流光。渺渺兮予怀,望美人兮天一方。"客有吹洞箫者,倚歌而和之。其声呜呜然,如怨如慕,如泣如诉,余音袅袅,不绝如缕。舞幽壑之潜蛟,泣孤舟之嫠妇。
>
> (《赤壁赋》)

这段文字里,"歌曰"后四句,"桨""光""方"均押ang韵,发音特点是口型扩开,并且"光""方"两字又是平声,故声音效果与第一段的ang韵、an韵相同,与"乐甚"的情境调协一致。而在描述箫声的句子里,"慕""诉""缕""妇"押u韵且多仄声,声音收拢在口中放不出来,与"客"的消沉情绪调协一致。文意由苏子的"乐甚"转为"客"的消沉时,相应地韵脚也由ang韵换到u韵,由平声转为仄声。可见用字的押韵、平仄与人物情绪调协一致。

教师如能这样从声音美的角度教文言文,既能引导学生们体验到文言文的声音美,从而激起他们学习文言文的兴趣,培养他们对祖国文字的认同感和自豪感;又能丰富高中文言文的教学内容和教学价值,提高文言文课堂教学的效率。

"随文学习"文学理论,构建品味语言的能力框架

一、品味文学语言属于高中语文的课程目标和课程内容

（一）《普通高中语文课程标准》(2017年版2020年修订)"课程目标"中的表述

> 语言梳理与整合。通过梳理和整合,将积累的语言材料和学习的语文知识结构化,将言语活动经验逐渐转化为具体的学习方法和策略,并能在语言实践中自觉地运用。
>
> ……
>
> 鉴赏文学作品。感受和体验文学作品的语言、形象和情感之美,能欣赏、鉴别和评价不同时代、不同风格的作品,具有正确的价值观、高尚的审美情趣和审美品位。
>
> 美的表达与创造。能运用祖国语言文字表达自己的审美体验,表达自己的情感、态度和观念,表现和创造自己心中的美好形象;讲究语言文字表达的效果及美感,具有创新意识。[1]

---

[1] 中华人民共和国教育部:《普通高中语文课程标准》(2017年版2020年修订),人民教育出版社2020年第2版,第6—7页。

高中语文的"语言材料"最重要的就是文学语言,"语言梳理与整合"的对象必然包括文学语言,甚至首先是文学语言;"鉴赏文学作品"明确提出"感受和体验文学作品的语言、形象和情感之美";"美的表达与创造"明确提出"讲究语言文字表达的效果及美感"。可以说,品味文学语言,有利于提升语文学科核心素养之"语言建构与运用""审美鉴赏与创造"。

(二)《普通高中语文课程标准》(2017年版2020年修订)"课程内容"中的表述

> 学习任务群4　语言积累、梳理与探究
>
> 本任务群旨在培养学生丰富语言积累、梳理语言现象的习惯,在观察、探索语言文字现象,发现语言文字运用问题的过程中,自主积累语文知识,探究语言文字运用规律,增强语言文字运用的敏感性,提高探究、发现的能力,感受祖国语言文字的独特魅力,增强热爱祖国语言文字的感情。
>
> …………
>
> 学习任务群5　文学阅读与写作
>
> 本任务群旨在引导学生阅读古今中外诗歌、散文、小说、剧本等不同体裁的优秀文学作品,使学生在感受形象、品味语言、体验情感的过程中提升文学欣赏能力,并尝试文学写作,撰写文学评论,借以提高审美鉴赏能力和表达交流能力。[1]

---

[1] 中华人民共和国教育部:《普通高中语文课程标准》(2017年版2020年修订),人民教育出版社2020年第2版,第15—17页。

可见，品味文学语言是"课程标准"规定的课程目标和课程内容，且是两个任务群中的教学重点，旨在提高学生对文学语言的感悟力，最终获得丰富的、个性化的情感体验和表达能力。

二、"随文学习"文学理论常识，有助于提高品味文学语言的教学效率

目前，品味文学语言的教学效率还不理想，教学目标多指向应试，指导成果也重在提炼答题模式，缺乏审美体验；教学活动零碎穿插于课文分析中，缺乏结构化。怎样提高学生品味文学语言的教学效率呢？笔者以为，"随文学习"文学理论常识是一个不错的选择。

1.语文教师要自觉运用文学理论常识来设计教学活动。

文学理论是人们研究各种文学实践活动后提炼出来的成果，反过来也可以阐释众多文学实践活动，包括品味文学语言。自觉运用文学理论来设计文学教学活动（自然也包括品味文学语言），是语文教师走向专业化提升的必然途径；对学生来说，也可以实现学习内容的结构化。事实上，文学理论在高中的文学阅读教学中长期"缺席"。尽管语文教师在大学阶段都学习过文学理论，到教学岗位后大多却习惯于依凭教材、教参开展教学，对文学理论的更新和发展很少关注，更别说借鉴和应用了，以至于许多优美的文学鉴赏课被上成知识讲解课、能力训练课，渐渐磨灭了学生学习文学作品乃至语文的热情。其实，这个观点早就被众多语文教学研究专家不断

呼吁,只是还有一些一线教师没有自觉去吸纳践行。

2.语文教师要指导学生"随文学习"一些相关的文学理论常识,帮助学生提炼出结构化的学习方法,进而构建起品味语言的能力框架。

或许有人质疑:高中生学习文学理论是不是太难了?对此,笔者认为,高中生非常有必要"随文学习"相关文学理论常识。首先,不能一提文学理论就感觉术语满篇,艰涩难懂。我们这里所说的是文学理论,不是指体系谨严的理论学说,主要指学者对某种理论学说阐释或感悟的各类成果,适用于指导高中生文学阅读教学的文学理论常识大都通俗易懂。其次,教师给高中生补充文学理论知识的目的是提高学生品味文学语言的能力,教师只选择可用于指导学生品味文学语言的文学理论片段或常识即可,而不是让学生像中文系本科生那样完整地了解某一文学理论。语文教师会把选用的文学理论片段或常识以学生能够接受的方式教给他们。最后,类比一下基础教育其他科目的教学目标,多是教师指导学生掌握并迁移运用本学科理论体系中的一些公式、定理、学说,为何独独语文学科就不能让学生掌握一些文学阅读的理论常识呢?既然教师的"教"是为学生的"学"服务的,为什么要求教师掌握的文学理论常识不能让学生也掌握一些呢?如果学生也能运用文学理论常识去品味文学语言,恰恰正符合"课程标准"提倡的大概念大单元的教学理念,更能提高学习效率。

三、"随文学习"文学理论常识的实践例谈

适用于品味文学语言的文学理论很多,笔者以为,以下两点应该首先介绍给学生:一是文学语言的"陌生化"原则,二是中国古诗"先感后思"的理路。因为这两点适用性强,却在课堂教学中应用不多,如果教师介绍给学生,将有助于提高品味文学语言的教学效率。笔者建议:将上述两点做成"学习任务群4 语言积累、梳理与探究"的微专题课例。微专题的基本构成为:梳理具体的语言材料,从中提炼语言使用的规律,迁移运用。由于篇幅限制,下面只作举例简述。

(一)微专题一:文学语言的"陌生化"原则

文学语言的"陌生化"原则,几乎可以阐释高中生视野里绝大部分的文学语言现象,是师生品味文学语言首先要掌握的理论常识。

1.教师课前准备。

理论准备:了解"陌生化"原则的知识。可以参看胡经之、王岳川主编的《文艺学美学方法论》的第七章《形式研究法》第二节的"反常化"理论。

语言材料准备:

例1:

叶子出水很高,像亭亭的舞女的裙。层层的叶子中间,零星地点缀着些白花,有袅娜地开着的,有羞涩地打着朵儿的;……　　　　　　(朱自清《荷塘月色》)

例2：

> 香稻啄余鹦鹉粒，碧梧栖老凤凰枝。
>
> （杜甫《秋兴八首》之八）

2.师生梳理语言材料。

将例句还原成日常通俗语言，并对比二者表达的信息。

例1还原成日常通俗语言，大体是"荷叶舒展着，荷花有盛开的，有未开的"，大多数人不会用"有袅娜地开着的，有羞涩地打着朵儿的"这样的"怪异"表达。相比之下，例1这种"陌生化"的表达，除了传达出"荷叶舒展着，荷花有盛开的，有未开的"这种客观信息外，还能引起读者的丰富联想和感受，如联想到荷叶舒展、荷花绽放的姿态，联想到充满青春活力的女子翩翩起舞的情形，联想到身姿曼妙、表情羞涩的女子的神态；或许还能唤起我们也想随风而舞、袅娜而行的肢体冲动；或许还能油然而生一种对荷对女子的爱怜之情；甚至还能感觉出作者是一个感情细腻、对美敏感的人。

例2还原为正常语序，大体是"鹦鹉啄余香稻粒，凤凰栖老碧梧枝"，而原文杜甫将其"变形"为倒装句，意思就变为：香稻是鹦鹉吃剩的香稻，绿色的梧桐是凤凰曾经栖息到老的梧桐。这样改的好处是什么呢？这首诗是杜甫回忆长安景物，他想要强调长安景物的美好，说那里的香稻不是一般的稻，是鹦鹉啄余的稻；那里的碧梧不是一般的梧桐，是凤凰栖息到老的梧桐。而正常语序的"鹦鹉啄余香稻粒，凤凰栖老碧梧枝"，只是客观叙述鹦鹉、凤凰的动作，看不出作者的怀念之情,可见两种句序的表达重点完全不同。

3.提炼文学语言的"陌生化"原则。

从上述例子可以看出,与日常通俗的表达相比,文学语言不仅形象生动,而且还富含更多的信息和细腻的情韵。日常通俗语言仅仅是传递消息的手段,只要明白易懂就可,不必花心思选用表达方式。除了内容表达准确之外,文学语言还使用新奇的、陌生的表达方式,增加感受的难度,使读者的注意力受阻,不得不聚精会神,延长了在文字上驻留的时间,进而体会到表达形式的多样化、表达内容的丰富性,"使人摆脱平常的种种麻木不仁状态……对世界对人生都始终怀有新颖之感,从而使人去充分领悟世界和人生的丰富含蕴"[①]。这就是"陌生化"原则,"陌生化"是文学语言的基本特征。

4.巩固练习。

在学生了解"陌生化"原则后,教师再举一些例句,让学生运用"陌生化"原则加以赏析,甚至鼓励学生在写作文时也追求新奇的语句。练习时,有的学生就写出了"把后悔放在嘴里嚼得吱吱响""老藤椅在屋檐下散发着慈祥"这样的妙句。

(二)微专题二:中国古诗"先感后思"的理路

"先感后思"是中国古诗特有的创作思路,学生在了解"陌生化"原则后,再了解"先感后思",一定能有效提升学生欣赏中国古诗的能力。

---

① 胡经之、王岳川主编:《文艺学美学方法论》,北京大学出版社1994年版,第168页。

1.教师课前准备。

理论准备:建议参看叶维廉著的《中国诗学》中"古典部分"的《中国古典诗中的传释活动》。

语言材料准备:

例1:

> 绿垂风折笋,红绽雨肥梅。
>
> (杜甫《陪郑广文游何将军山林十首》其五)

例2:

> 落花人独立,微雨燕双飞。　　(晏几道《临江仙》)

2.师生梳理语言材料。

将例句翻译成现代汉语,并比较原句与译句表达思路的不同。

例1翻译成现代汉语,大体是"风折断了竹笋,垂下一团绿;雨水泡胀了梅花,绽开红色"。但我们仔细想一想实际的情形,应该是这样的:"诗人在行程中突然看见绿色垂着,一时还弄不清是什么东西,警觉后一看,原来是风折的竹子"[①];"新发现有红色的东西绽开,近看原来是雨水浸胀了的梅花"。这符合实际的感知过程,"绿—垂—风折笋"的语序符合真实的生活经验。前面的翻译是信息加工后的结论,不能反映当时的实际过程。

---

① 叶维廉:《中国诗学》,生活·读书·新知三联书店1992年版,第21页。

例2翻译成现代汉语，大体是"落花时有一个人独自站立着，微雨里有成双的燕子飞"。"落花"与"微雨"成为背景，与"人"和"燕"只有一种关系，但我们总觉得不妥，好像损失了很多东西。"落花"与"微雨"、"人独立"与"燕双飞"之间到底是什么样的关系？可以有几种关系？在我们的直观直感的实际经验中，可以是两种并存的景物，两种"同台演出"的事物。"落花"与"人独立"、"人独立"与"燕双飞"之间实际都可以有微妙的关系，可以说"落花"是"独立之人"的自喻，还可以说"落花"是"人独立"的原因，而"燕双飞"则反衬出"人独立"的孤独……如此思考下去，原句就给读者留下再创造的空间，比起"翻译"后也就多了所谓的"诗意"。

3.教师介绍中国古诗"先感后思"的思路。

由上面例句可以体会到，"在我们初读之时，只有景物继起的出现和演出，所谓'原因''因果'是后发的结论"[①]。因为在实际的情形里，事件发生之际所谓时间、空间、因果本是浑然一体的，我们对事件的感知就像看电影，是包括视觉的、听觉的、触觉的、嗅觉的等活动同时发生的。我国古代诗人创作时尽量为读者保持"事件"的原貌，不把诗人的主观评判强加给读者，从而尊重读者感受的权利。"我们把一个原是浑一不分的整体现象打破，然后将一些片面的事物选出，再把它们利用人为的分类观念——时间、空间、因果——串联起

[①] 叶维廉：《中国诗学》，生活·读书·新知三联书店1992年版，第33页。

来,定位、定义"[1],这种先"思"后"感",则会生硬地把全面的、多重的感受变为单一的感受。

4.巩固练习。

引导学生理解中国古诗"先感后思"这一表达思路后,教师再提供典型例句,要求学生用"先感后思"与"先思后感"两种思路对比赏析,写出文学短评,领悟中国古诗的幽微精妙。

如此,教师根据学生的学习需要适当补充相关的文艺理论知识,学生在"散点式"的学习之后逐渐构建起运用文艺理论知识品味文学语言的能力框架,学生的语文学习就从单纯地依赖感性经验,逐渐走向感性经验与理性思考相辅相成,将有助于提升学生的语言素养。

---

[1] 叶维廉:《中国诗学》,生活·读书·新知三联书店1992年版,第23页。

对《红楼梦》整本书阅读指导策略的浅思考

一、《普通高中语文课程标准》对整本书阅读的要求

《红楼梦》整本书阅读属于学习任务群1"整本书阅读与研讨"的学习内容,相关的"学习目标与内容"在《普通高中语文课程标准》(2017年版2020年修订)中表述如下:

(1)在阅读过程中,探索阅读整本书的门径,形成和积累自己阅读整本书的经验。重视学习前人的阅读经验,根据不同的阅读目的,综合运用精读、略读与浏览的方法阅读整本书,读懂文本,把握文本丰富的内涵和精髓。

(2)在指定范围内选择阅读一部长篇小说。通读全书,整体把握其思想内容和艺术特点。从最使自己感动的故事、人物、场景、语言等方面入手,反复阅读品味,深入探究,欣赏语言表达的精彩之处,梳理小说的感人场景乃至整体的艺术架构,理清人物关系,感受、欣赏人物形象,探究人物的精神世界,体会小说的主旨,研究小说的艺术价值。

....

（5）联系个人经验，深入理解作品；享受读书的愉悦，从作品中汲取营养，丰富自己的精神世界，逐步形成正确的世界观、人生观和价值观。用自己的语言撰写全书梗概或提要、读书笔记与作品评介，通过口头、书面形式或其他媒介与他人分享。①

从上述内容里，我们可以提炼出《红楼梦》整本书阅读的要求：①能综合运用精读、略读与浏览的阅读方法；②通读全书，欣赏语言表达的精彩之处，梳理小说的感人场景乃至整体的艺术架构；③理清人物关系，分析人物形象；④体会小说的主旨和小说的艺术价值；⑤深入理解作品，引领精神成长。

二、整本书阅读指导策略

（一）推进通读，是《红楼梦》整本书阅读首要完成的任务

《普通高中语文课程标准》（2017年版2020年修订）在"整本书阅读与研讨"任务群的"教学提示"里说明："本任务群在必修阶段安排1学分，18课时。应完成一部长篇小说和一部学术著作的阅读，重在引导学生建构整本书的阅读经验与方法。"②在统编教材中，学术著作指的是《乡土中

---

① 中华人民共和国教育部：《普通高中语文课程标准》（2017年版2020年修订），人民教育出版社2020年第2版，第11页。
② 同①，第12页。

国》，安排在必修上册；长篇小说指的是《红楼梦》，安排在必修下册。照此分配课时，《红楼梦》应该用9课时，也就是说，预期的理想状态是学生自觉通读完全书，然后教师根据"课程标准"的上述要求，设计一些具体的学习任务，指导学生在9课时内完成。

然而，事实上，从高中生的视角看《红楼梦》，人物繁多，故事琐碎，缺乏引人入胜的故事情节，多数学生难以产生阅读兴趣，更无法领略这部作品的伟大之处。在高一下学期，很多学生根本完不成通读，甚至到高三时还没完成通读的也大有人在，这是普通高中《红楼梦》整本书阅读面临的最大困难。所以，《红楼梦》整本书阅读的指导策略，首先是教师督促指导学生完成通读任务。

推进通读任务，笔者以为，需要将课下学生自读和课上教师引领两方面相结合。

1.使用可视化工具，督促学生课下逐章自读，完成通读。

吴欣歆主编的《高中经典阅读教学现场》详细介绍了推进通读的可视化工具——学案模板（表格）[1]，以每日一回的进度来解决通读难的问题，教师可以参考使用。例如：

---

[1] 吴欣歆主编：《高中经典阅读教学现场》，教育科学出版社2018年版，第282—283页。

1-1 《红楼梦》阅读的初级学案模板

作品名称	阅读日期	时长	页数
今日摘要			
今日问题			
每周心得			
这周所读的主要内容			
所读到的有趣之处			
阅读方法上的收获			

1-2 《红楼梦》阅读的中级学案模板

作品名称	阅读日期	时长	页数
今日所读内容概述			
今日我的思考(如有疑问,要写出,并写出请教或讨论后的结果)			
每周心得			
读了我才知道……			
读了使我想到的……			
阅读方法上的收获			

第一章 思考篇

1-3 《红楼梦》阅读的高级学案模板

作品名称	阅读日期	时长	页数
今日所读内容概述			
今日我的思考			
每周心得			
思考或感悟			
联想其他作品			
写作方法上的收获			

除了自读的学案模板外，教师还可指导学生用活页纸做材料积累，为微专题阅读做准备。例如，读到第二回，冷子兴对贾雨村说："主仆上下，安富尊荣者尽多，运筹谋画者无一；其日用排场费用，又不能将就省俭。"教师应要求学生分头记录贾府的用人排场和主仆上下安富尊荣的表现，为认识贾府衰败的必然结局做材料积累。示例：

第三回中，计算贾母给黛玉安排的仆人数量，总共十四五人。

第九回中，宝玉到离家"不过一里之遥"（一里等于500米）的学堂上学时，陪伴仆人有茗烟等四个未成年的书童和李贵等"三四个大汉"，共计七八人。

2.在学生逐回自读时,教师同步选择章节精读精讲。

学生缺乏阅读兴趣,是由于受年龄、阅历、知识、时代背景等限制,无法领略其中的人情世故,无法领略作品的博大精深与幽微精妙。教师如果每天只单单检查自读学案,未必能有效提升学生的阅读兴趣,所以需要教师利用一些课上时间,做同步阅读欣赏指导,引领学生不断发现自读时未见的精妙之处,进而激发学生的阅读兴趣,积累阅读方法和审美经验。

关于教师顾虑的课时问题,笔者以为,《红楼梦》是值得终身阅读的经典,《红楼梦》的阅读也不是一次性完成的任务,所以不必拘泥于一个学期一个学年,把它当作高中三年的阅读任务也未尝不可。教师精讲精读的频次,依学情而定,依具体回目的分量而定。精读精讲的内容,可以选择如下内容。

(1)精读局部章节,欣赏语言表达的精彩之处。

《红楼梦》中很多精妙的语言,在通读初期,教师需要点拨章节中某些语言的妙处,唤醒学生自身文学语言的敏感度,建议教师在整个通读过程中提醒学生欣赏语言。例如,第六回写刘姥姥初到荣国府门前:

> 然后蹭到角门前。只见几个挺胸叠肚指手画脚的人……

一个"蹭"的动作,充分表现出刘姥姥初次到豪门贵宅时胆怯、难为情、卑微的形象。"挺胸叠肚"四个字用得精妙,"挺胸"写出豪门的守门人有着高人一等的心态,"叠肚"写出这些人的伙食不错,吃得很胖。

《红楼梦》中人物的对话语言尤其精彩，学生可从中了解不少人情世故，在通读初期，教师有必要提出赏析人物语言的任务。例如，读到第三回，教师可以设计"跟红楼人物学说话"的阅读任务，并做示范：

请赏析林黛玉推辞邢夫人留饭时的语言艺术。

（原文）黛玉笑回道："舅母爱惜赐饭，原不应辞，只是还要过去拜见二舅舅，恐领了赐迟去不恭，异日再领，未为不可。望舅母容谅。"

（赏析）这段话表达了四层意思：一是舅母留下吃饭不应该拒绝，二是说明这次不能留下的理由，三是表达改日再来也行，四是请舅母谅解。这段话精练到无一处多余，再配上笑容，无一处不得体，充分表现了林黛玉的良好修养和语言表达能力。

再如，读到第六回时，赏析王熙凤给刘姥姥二十两银子时说的一番话。读到第四十五回时，赏析赖嬷嬷为孙子升官来贾府请主子赴宴时说的一番话。

这样，设计学生赏析语言的任务，并在活页纸上写出答案积累下来，逐渐提高学生欣赏小说语言的能力。如果不如此设计阅读赏析任务，学生有可能对这些对话一带而过，发现不了作者设计人物语言的匠心。

（2）精读章节内容，跨章节认识"特犯不犯"的艺术手法。

如读完第三回"林黛玉进贾府"这一内容后，教师可设计以下任务（详见"实践篇"的课例，兹不赘述）：

任务1：小说写了各种人物的"笑"二十多处、"忙"十多处，请赏析"笑"和"忙"的妙处。

任务2：这一回写到小说主要人物的出场，其中最精彩的是宝玉和王熙凤的出场，请分析二人出场的异同，以及如此设计的妙处。

这两个任务，帮助学生赏析作者运用细节刻画人物的高超艺术及情节设计的巧妙，进而帮助学生掌握"特犯不犯"的艺术手法，在后续阅读时，可引导学生有意识地迁移运用这一艺术手法赏析小说。如赏析第四回"薛宝钗进贾府"与第三回"林黛玉进贾府"的异同；或有意识地进行微专题阅读，如小说中的诗社活动、生日节日宴会、刘姥姥三进荣国府等。

（3）利用回目里的"一字定评"，进行思辨性阅读训练。

在《红楼梦》的不少回目中，用一个字来评价人物的行为或性格，后人称为"一字定评"。质疑这些"一字定评"的合理性，是进行《红楼梦》思辨性阅读实践的绝佳切入点：一是阅读区间多集中在一两个回目，学生需要前后勾连、细读文本的任务量不大，适合学生进行充分的读写活动；二是《红楼梦》含有"一字定评"的回目里超过20个，足以帮助学生构建并实践思辨性阅读的实践流程。

如读完第十二回，教师可以设计任务：

任务：王熙凤两次设计"相思局"，用"毒"字评价合理吗？

读完第二十一回"贤袭人娇嗔箴宝玉"、第五十二回"勇晴雯病补雀金裘",可以设计任务:

　　任务1:"娇嗔箴宝玉"的袭人真的"贤"吗?
　　任务2:"勇晴雯病补雀金裘",为什么不用"巧"字而用"勇"字评价呢?

(4)欣赏关键事件。

小说里的关键事件,就像一条铁路线上的重要站点,串联起全书的情节框架。《红楼梦》的关键事件,或充分表现人物形象,或展示人物命运起伏的关键节点,或表现主题的重要情节。精读并欣赏关键事件,能提纲挈领地把握全书的精华。例如,第九回"学堂打架",既能欣赏巧妙的叙事层次,又能认识贾府败落的深层原因(子弟不读书、不上进),以及贾宝玉讨厌上学的原因(如无聊的同学、迂腐的老师),还了解了贾宝玉成长初期的滥情与肤浅(如喜爱秦钟只因其相貌好)。第三十三回"宝玉挨打",前后勾连众多情节,集中折射出各个尊卑人物的内心世界。第四十八回"香菱学诗",照见黛玉和宝钗的境界高下。第七十四回"抄检大观园",展现了贾府内部矛盾的大爆发。

(5)全书贯通式梳理人物,总结人物形象。

《红楼梦》中主要人物的形象,一类是人物形象前后变化不大,但随着章节推进才会逐渐完全表现出来,如探春等;一类是人物形象本身具有多面性,需要随着章节推进逐渐全面展现,如王熙凤等;一类是人物形象本身具有发展性,随着章节推进表现其精神成长过程,如贾宝玉、林黛玉等。这就要求学生在通读过程中,注意梳理各章节中重要人物的形象,为最终认识人物做积累。建议学生用活页纸随文整理这些人物形象。试以林黛玉为例说明。

第七回中,"送宫花"一事,黛玉冷笑道:"我就知道,别人不挑剩下的也不给我。"

给人感觉是黛玉耍小性儿,甚至有点尖酸刻薄。但纵观全书后会发现,贾府上下确实没人敢惹林黛玉。

第二十九回中,清虚观打醮时,黛玉讽刺宝钗:"他在别的上还有限,惟有这些人带的东西上越发留心。"

因为黛玉把宝钗视为情敌,所以一有机会就嘲讽一下。

第四十五回中,宝钗来探视黛玉时,黛玉叹道:"你素日待人,固然是极好的,然我最是个多心的人,只当你心里藏奸。……往日竟是我错了,实在误到如今。……若不是从前日看出来,今日这话,再不对你说。……"

黛玉感动后,真诚地剖析自己,坦承自己曾对宝钗的误会,此后她对宝钗再无嘲讽。由此可见,黛玉内心的纯净高洁。

第六十二回中,林黛玉与贾宝玉说起探春的所作所为时,说道:"要这样才好,咱们家里也太花费了。我虽不管事,心里每常闲了,替你们一算计,出的多进的少,如今若不省俭，必致后手不接。"

再结合黛玉初进贾府时的认知和观察力，可见她并不是一味沉浸在自己的小世界里不食人间烟火，她对自己及所处的生活环境有清醒的认识。

（二）在二次阅读阶段，进行深度学习的微专题阅读

所谓微专题，即小专题，特点是题目切入口小但综合性强，将零散的内容整合于一个明确的主题之下，思维容量大，探究深入却耗时较少。教师可从以下几个角度确定微专题。

1.根据"特犯不犯"的艺术手法，整合出微专题。

教师可以引导学生在阅读后自行确定微专题。例如，前文提到的诗社活动、生日节日宴会、刘姥姥三进荣国府等，学生相对容易关注到。不过，毕竟学生的阅读视野和阅读深度有限，对于学生难以发现但确实又有一定探究价值的微专题，教师可以直接提出。例如：

①梳理贾府的用人排场，认识贾府衰败的必然结局。

②梳理贾府"老少爷们"的表现，认识贾府衰败的必然结局。

③注意《红楼梦》里的谐音梗。

④体会《红楼梦》里的谶语、灯谜等暗示的悲剧意味。

⑤思考《红楼梦》中的跛足道人、癞头和尚等人在小说中的作用。

……

2.微专题阅读之人物评析。

例如：

　　①林黛玉没有你想的那么简单。
　　②认识薛宝钗其人。
　　③认识王熙凤其人。
　　④贾宝玉的成长史。
　　……

微专题阅读不必等到通读完成后，可以阅读若干回目后随文进行，与逐章推进配合进行。微专题阅读应更重视阅读成果的纸笔训练，在教学过程中要重视读写结合。

质疑"一字定评",构建《红楼梦》思辨性阅读的实践流程

——以"王熙凤毒设相思局"为例

一、什么是思辨性阅读?

《普通高中语文课程标准》(2017年版2020年修订)在"课程性质"中明确提到"发展思辨能力,提升思维品质"①,在"课程目标"的"发展逻辑思维"中提出"运用批判性思维审视语言文字作品"②,并在"课程内容"中专门设置"思辨性阅读与表达"任务群。关于批判性思维,《批判性思维教与学:帮助学生质疑假设的方法和工具》一书中指出:

> 所谓"批判性思维",就是发现我们所做的假设,并判断其合理性。
> ……

---

① 中华人民共和国教育部:《普通高中语文课程标准》(2017年版2020年修订),人民教育出版社2020年第2版,第1页。
② 同①,第6页。

批判性阅读的一个重要目的是引导学生质疑权威以及被当作理所当然的观念。①

语文名师余党绪说:"批判性思维追求的就是'合理'。……在合理分析论证的基础上,做出合理的评估与判断,这是批判性思维的基本内涵。""我理解的思辨性阅读,就是借助批判性思维的基本原理、策略与技能开展的阅读,思辨性阅读就是批判性阅读。"②

综合二者的表述,思辨性阅读也是批判性阅读,在阅读过程中,对文本所传递的观点、态度等,能够运用批判性思维评价其合理性,最终得出读者自己的观点或结论。

二、思辨性阅读的实践流程

《批判性思维教与学:帮助学生质疑假设的方法和工具》一书指出:"批判性思维的基本过程,包括:①辨识左右我们思维和决定我们行动的假设;②查验假设的准确性和可靠性程度;③从多个角度审视我们的观念和决定;④在以上三步的基础上,采取明智的行动。"③余党绪老师的阐释更加通俗易懂,"思辨性阅读,是以文本事实为基础,以因果逻辑的'理解'与'评价'为核心,以人性情理为参照的阅读思考

---

① [美]斯蒂芬·D.布鲁克菲尔德:《批判性思维教与学:帮助学生质疑假设的方法和工具》,钮跃增译,中国人民大学出版社2017年版,第7页、第119页。
② 余党绪:《比教学范式建设更迫切的,是改善我们的思维——关于思辨性阅读教学的思考》,《语文建设》2018年第1期,第9页。
③ 同①,第1页。

过程"①。

综上，我们可以确定如下思辨性阅读的实践流程：一是质疑定论；二是细读文本后，多角度分析因果逻辑；三是参考人情事理做补充；四是得出结论。

三、思辨性阅读的课例展示

在《红楼梦》的一些回目中，作者常常用"一字定评"来评价人物的行为或性格。质疑这些"一字定评"的合理性，是进行《红楼梦》思辨性阅读实践的绝佳切入点。

下面以"王熙凤毒设相思局"为例，阐述师生共同建构上述思辨性阅读实践的流程。

（一）质疑定论

> 任务1：第十二回的回目"王熙凤毒设相思局"，作者用一个"毒"字评价王熙凤设相思局的行为，这个"毒"字评价是否合理？请说出你解决这个问题的步骤，再写出你的观点和理由。

"说出解决这个问题的步骤"的设计意图，既可以改变以往教师提问后学生只顾着被动找答案的做法，能帮助教师摸清学生解决策略的底数，也可以触动学生构建解决问题策略的意识。根据课堂观察，大部分学生都能说出"细读文本"和"从王熙凤的角度分析"这两个步骤。

---

① 余党绪：《思辨性阅读：在事实、逻辑与情理的纠结中突围——〈沙威，沙威〉的教学及反思》，《语文学习》2016年第9期，第50页。

（二）细读文本，多角度分析因果逻辑

学生朗读自己写好的答案，其他同学一一判断其中解决问题的步骤（策略）。不少学生选择"从王熙凤的角度分析"这一步骤，认为"毒"字的评价合理，理由是王熙凤没有严词拒绝贾瑞，反而假意挑逗贾瑞——显然这些学生细读文本还不够。针对这种情况，教师首先肯定这个步骤，接着提出新的任务——

> 任务2：从王熙凤的角度分析，给她"毒"字这一评价的主要原因是贾瑞死了。请大家思考一下：（1）两次相思局客观上能导致贾瑞丧命吗？（2）王熙凤设计相思局的主观意图是害死贾瑞吗？请细读文本后写出自己的分析。

学生仔细阅读《红楼梦》第十一、十二回，讨论各自的答案后很快形成共识。

问题（1），两次相思局客观上并不能导致贾瑞丧命。第一次相思局后，贾瑞尽管挨冻一夜，又挨祖父打板子和罚跪，但小说里并没有提到他生病。第二次相思局后，贾瑞生病的原因多在自身，相思局受苦只是次要原因。王熙凤不给好人参，也不会加重贾瑞的病情。事实上，即使给好人参也治不好贾瑞的病。所以，两次相思局确实有损贾瑞的健康，但还不至于能使才二十来岁的贾瑞丧命。

问题（2），王熙凤主观上并不想害死贾瑞。王熙凤在宁府花园里假意夸赞贾瑞，目的是尽快摆脱贾瑞，后来她几乎忘记了这事，直到几天后平儿说贾瑞来请安时，才说"这畜生

合该作死",这和前面说的"几时叫他死在我的手里"一样,只是说狠话。如果贾瑞不再上门,她也不会设计相思局。第一次设相思局捉弄贾瑞,是想让他吃苦头后打消邪念,从"凤姐因见他自投罗网,少不得再寻别计令他知改,故又约他道"这几句话看,她本没想到贾瑞竟然还上门来,所以第二次设相思局有意做得更狠。贾瑞受辱又欠债,这下才明白自己被捉弄了,再不敢来骚扰。所以,王熙凤的主观意图只是使贾瑞不再来骚扰她而已。

小结:从王熙凤的主、客观两方面分析,学生认为作者给王熙凤"毒"之评价算不上合理,也发现自己阅读小说不够细致的缺点,还意识到要"从贾瑞的角度分析"。教师顺势肯定"从贾瑞的角度分析"的步骤(策略),并提出以下任务——

任务3:从贾瑞的角度分析贾瑞的死因。

学生细读小说第十二回后形成共识:

"淫"是贾瑞的第一个死因。小说第十一回的回目"见熙凤贾瑞起淫心"里,一个"淫"字能合理地解释贾瑞的所有行为。第十二回中,多处写到贾瑞控制不住自己的欲望,才导致生病,甚至临死前还一再错照"风月宝鉴"镜,最终丧命。"不上一年都添全了",这句话表明从第一次设计相思局结束到贾瑞丧命,中间长达差不多一年的时间,而不是第二次相思局后贾瑞很快就病重死亡。而这差不多一年的时间里,贾瑞本有机会改变其悲剧结局。

"蠢"是贾瑞的第二个死因。第十二回中,贾瑞初次到凤姐家时说："只因素日闻得人说，嫂子是个利害人，在你跟前一点也错不得，所以唬住了我。"这说明，他并非不知道王熙凤厉害不好惹，却偏偏还来惹她。在第一次设相思局后，他竟然蠢得想不到是凤姐捉弄他。

教师追问贾瑞"淫"和"蠢"背后的深层原因，有学生能认识到贾瑞的"淫"与他祖父贾代儒有关。从第十二回看，贾代儒粗暴严厉，只知道要求贾瑞读书，却不给已经二十来岁的贾瑞娶亲。如果贾瑞娶亲了，也许就不会"见熙凤起淫心"了。教师请学生翻看第七十二回的结尾——贾政对赵姨娘说："我已经看中了两个丫头，一个与宝玉，一个给环儿。只是年纪还小，又怕他们误了书，所以再等一二年。"贾宝玉和贾环比贾瑞年龄小好多，严肃刻板的贾政都替他们考虑安排通房丫头。相比之下，贾代儒不通人情，意识不到贾瑞作为一个成年人的正常生理需要；他的粗暴严厉也让贾瑞不敢提出娶亲的正常要求。再看第九回"学堂打架"中贾瑞的表现，学生恍然大悟，贾瑞的"蠢"与他不认真读书有关，他没有通过读书让自己从一个受欲望支配的"自然人"成长为尊重规则的"社会人"。所以说，贾瑞不认真读书是他悲剧的深层原因。

小结：从贾瑞的角度分析，贾瑞之死责任主要在他自己，作者给王熙凤这个"毒"字评价不合理。

（三）参考人情事理

有的学生仍然困惑：王熙凤为什么不直接拒绝贾瑞，反而采取故意挑逗的方式呢？对此，教师提出以下任务——

任务4：王熙凤设计相思局，对她来说是合理的策略吗？如果不设计相思局，她还能有别的做法吗？

受人生阅历和批判性思维水平的双重局限，有的学生回答不了第一问。少数"合理派"观点的学生认为，王熙凤的性格自负好强，不会咽下这口气，一定会报复贾瑞。教师先肯定"分析王熙凤性格特点"这个策略，然后引导学生讨论王熙凤可能选择的其他方法——直接拒绝、拒不接见、向丈夫告状。学生能够轻易否定"拒不接见"的方法，以贾瑞的"淫"和"蠢"，在第一次相思局吃苦头后都没有识趣而退，"拒不接见"只会让贾瑞不断前来骚扰。教师要求学生重读第十一回的末尾，贾瑞来王熙凤家的理由是"来请安说话"。从人情事理上说，贾瑞是本家兄弟，又是二十多岁的成年人，王熙凤不能"直接拒绝"贾瑞前来请安，同理，"向丈夫告状"也是无理由可告。另外，即使告了状，凤姐的丈夫贾琏又能怎样呢？可能会呵斥贾瑞一顿，或者向祖父贾代儒告状，让贾瑞挨一顿打。但这个做法的坏处是让更多人知道此事，显然王熙凤不愿意把这事张扬出去，毕竟在当时的文化背景下，贾瑞的骚扰行为是丑闻，张扬出去对王熙凤没有好处，也有损于大家族的颜面。而王熙凤设计相思局，既可以让贾瑞吃哑巴亏，满足她报复的快感，又不用惊动多人就能压下这个丑闻，维持了各方的体面。从小说中不难看出，从贾瑞生病到死，除了平儿、贾蓉、贾蔷这三个凤姐的心腹，别人一概不知情，也说明王熙凤达到了压制丑闻的目的。

小结：从王熙凤的性格特点、通常的人情事理、当时的文化背景这三个方面分析，王熙凤设计相思局确实是她最合理的对策。

任务5：作者为什么要给王熙凤"毒"这个评价呢？在相思局事件之外，她有"毒"的表现吗？

多数学生能轻易地想到第六十九回中王熙凤借刀杀人害死尤二姐，判断王熙凤是真的"毒"。还有学生能想到第十五回"王凤姐弄权铁槛寺"，与老尼对话"你是素日知道我的，从来不信什么是阴司地狱报应的，凭是什么事，我说要行就行"也是"毒"的表现。

（四）得出结论

至此，学生能够达成共识：王熙凤确实有不少事情的做法表现了她性格、为人的"毒"，但不能因此断定王熙凤事事都"毒"。比如对相思局事件的"毒"评就不恰当，有以偏概全之嫌。读者默认她"毒"，是只看到贾瑞死亡的结果，而忽略了贾瑞自身的"淫"与"蠢"，忽略了贾代儒的不通人情等因素。

（五）课后作业

任务6：请根据前面的分析，提炼出解决问题的步骤，并以思维导图的形式呈现出来。

示例:

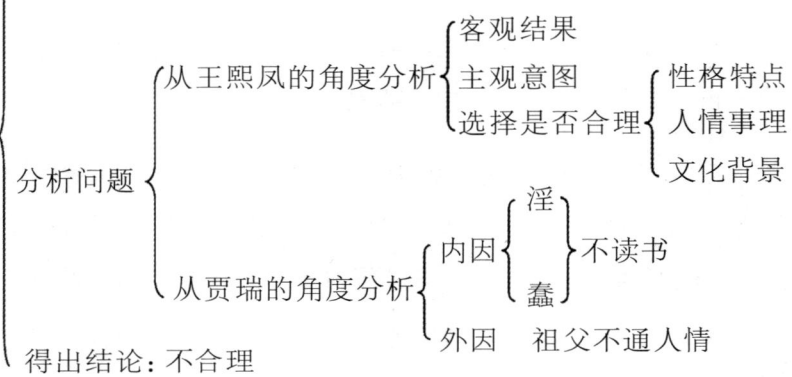

任务7:请参照上面的思维导图,以"设计相思局的王熙凤真的'毒'吗?"为题目,写一篇小论文。

正确归因与实施过程性评价

——高中议论文写作指导的关键

一、高中议论文写作指导低效的原因分析

(一) 归因不当

为了解决议论文写作低效的问题,笔者向大兴区高中语文教师做过如下调查提问:第一,你的学生在议论文写作中存在哪些问题?第二,教师采取的对策是什么?第三,这些对策的效果如何?

对第一个问题,大家的回答如下:①学生不会审题;②结构思路混乱;③只引述事例,不会分析;④不会拟定分论点;⑤论据积累不足;等等。对第二个问题,教师们的普遍对策是逐一讲解上述问题,每一个问题至少用1课时。例如,汇集各种类型的作文题目讲审题方法,介绍议论文常用的"并列式""递进式"结构模式,多角度拟写分论点,运用"因果论证法"和"假设论证法"分析论据,要求学生每人准备一个素材本,等等。对第三个问题,教师们认为耗费课时不少,结果收效仍不理想,换一个新作文题目,学生的作文又回到初始水平。最后,他们无奈地归因于"我们的学生基础不好"。

笔者问教师们："你们讲完这些写作技巧或写作知识，学生就能写好议论文吗？"教师们尴尬地回答说："不能。"笔者又问他们："议论文写作不好的学生，在反驳老师的批评时基本没有跑题的，还能叙议结合，教师想说服他们并非易事。原因是什么呢？"教师们沉默了，陷入沉思。

笔者的上述调查和对课堂的观察都表明一点：教师将学生写不好议论文归因于学生欠缺写作技巧或写作知识。从学生的作文看，的确能看出写作技巧或写作知识方面有所欠缺。但从思维方式看，实际是学生"不会说理"，缺乏认识问题的能力。

教师归因不当的原因，笔者认为是教师不自觉地忽视了议论文的文体特征——实用，说理。余党绪在《说理与思辨——高考议论文写作指津》中指出："议论文的基本功能是'说理'，这是议论文写作的关键。不夸张地说，议论文写作中存在的问题，多数与对'说理'这一基本功能的理解与把握相关。"[①]张春华在《议论文写作的功能回归》一文中也指出："回归议论文'讲理'和'说服'的功能……议论文写作的瓶颈不是写作技术的缺乏，而是写作功能的缺位和读者意识缺少让学生丧失了表达的欲望……缺少对客观事理的正确认识。"[②]他们都指明高中语文教师在议论文写作指导中的病根是只重视讲授写作技巧或写作知识，忽视了培养学生的说

[①] 余党绪：《说理与思辨——高考议论文写作指津》，上海教育出版社2017年版，第19页。
[②] 张春华：《议论文写作的功能回归》，《中学语文教学参考》2021年第11期，第69页。

理能力，也没有把培养说理能力与促进学生精神成长联系起来，没有引导学生通过关注、思考现实以提升思维方式，从而加强应对未来各种复杂形势的能力。

（二）过程性评价缺失

教师归因不当的原因还有一点：教师对学生的议论文写作缺乏过程性评价。学生写作的全过程包括审题、立意、构思提纲、成文、修改五个环节。很多教师评价学生的议论文时，基本上是采用"结果评价"的方式，即给学生交上来的作文打一个分数。这样做的弊端是教师对学生写作过程中的思维活动，尤其是"写前思考"过程中遇到的障碍并不清楚，自然也就无法给出有效的指导。

二、高中议论文写作指导的相应对策

教师怎样提高议论文写作指导的效率呢？笔者认为，首先是教师要培养学生的说理能力；其次是运用可视化工具，对学生的议论文写作做过程性评价，尤其是将"写前思考过程"中学生内隐的、模糊的、不可评价的思考活动，外化为清晰的、可视的、易评价的成果。这两方面可以在指导具体的作文题时相互结合进行。

下面，结合具体的作文题目加以阐释。

（2020年北京市海淀区高三一模语文试题，第23题）

丹麦设计师瓦格纳设计的"Y型椅"，既汲取了中国明式圈椅外形和意蕴的精髓，同时又体现了北欧设计的简洁思想。中国味与北欧风的完美融合,使得"Y型椅"成为现代家具设计中的经典之作。

从美洲传到中国的辣椒,最早只是被当作盐的代替品。后来中国人创造出了许多"辣味十足"的美食,辣椒成为中国烹饪的重要食材。而今,有些"辣味十足"的美食已经跨出国门,走向世界了。

由此可见,不同的文化可以相互借鉴、融合、发展。

请以"文化互鉴"为题目,写一篇议论文,谈谈你的认识和思考。不少于700字。

要求:观点明确,论据充实,论证具有逻辑性;语言得体。

(一)运用可视化工具审题

审题,简单来说就是看作文题目提供了什么信息,还有什么隐性要求。具体方法是对作文题目做细致周密的分析,从而正确判断出它所要求的文体、话题范围、观点、命题者的倾向等。据此,可以设计出议论文审题的可视化工具。

1-4 议论文审题工具表

作文题构成	话题或关键词	话题范围	观点	命题倾向
事例+结论	文化互鉴	从椅子和美食的例子看,"文化"是指广义文化	不同的文化可以相互借鉴、融合、发展	赞同

通过填写上述表格,学生能将自己的审题成果固化。观察这个表格,教师对学生是否存在以及哪个地方存在"不会审题""审题不周密"等问题就能一目了然,从而给予针对性指导。

(二)运用可视化工具立意

立意是根据审题的成果,确定一个明确的中心,即确定"我想写什么"或"我能写什么"。前面所说的教师应该"培养学生的说理能力",主要就在这个环节进行。"立意"的可视化工具见表1-5。

请将你所知道的关于"文化互鉴"的正反事例填入下面表格。

示例:

1-5 议论文立意工具表

正面事例		反面事例
①清末的洋务运动,发展了民族工业		清代闭关锁国使中国落后,终遭受侵略
②改革开放助力中国走上富强之路		
③麦当劳之后出现很多中式快餐		
④国内有中西医结合,国外也有中医诊所		
……		
确定观点	文化互鉴能促进国家繁荣发展	
	文化互鉴能使世界越来越美好	
	……	

这个可视化工具其实有两种功能：一是，梳理出正反两方面的论据；二是，当学生不能确定自己的观点时，可以借此提炼出自己的观点。事实上，学生"不会说理"，并不是完全缺乏说理能力，而是缺乏真实的说理情境。前面所举的学生反驳老师时不会跑题的例子，原因是他们在真实的说理情境下说理，有明确的说理对象（老师）和说理意图（免于被批评）。当学生对题目无感时，教师要引导学生进入真实的说理情境，如"你想针对什么现实问题？""你要针对什么人讲这个道理？"，帮助学生明确说理意图和说理对象。以本题为例，可以利用上述反面事例，确定说理对象为"认识不到文化互鉴重要意义的人们"，说理意图为"希望这些人能够践行'文化互鉴'原则"。如此就可以确定自己的观点——"文化互鉴能促进国家繁荣发展"或"文化互鉴能使世界越来越美好"。

（三）运用可视化工具构思

构思，就是明晰"我要怎么写"的思维活动。运用可视化工具构思的成果，可以是写作提纲，也可以是作文的思维导图。大多数教师都会要求学生写出写作提纲，但有时候会有个别学生敷衍应付。如果使用可视化工具，便可以有效监测学生的构思成果。示例：

1-6 议论文构思工具表

开头	提出观点:文化互鉴能促进国家繁荣发展	
中间	为什么	正面论证,历史事实证明文化互鉴能促进国家的发展 论据,从正面事例中选择①②③
		反面论证,认识不到文化互鉴的重要性,将会得到惨痛教训 论据,选用反面事例①
	怎么办	①只是认识到"文化互鉴"的意义还不够;②要做到"文化互鉴",对其他文化的优势要有清醒的认识和尊重,本着"以我为主,为我所用"的原则,既不能媚外照搬,也不能带着优越感拒斥
结尾	重申观点:希望世界各国都能认识到"文化互鉴"对促进国家发展的重要意义	

(四)修改并完成作文

学生按此修改并完成作文,便是使用可视化工具的成果。

三、总结

教师利用可视化工具,可以清晰地监测到学生审题—立意—构思—成文的写作全过程,这样无论学生在哪一个环节出现问题,教师都能及时判知,进而及时给予有针对性的指导。当然,可视化工具的设计与使用,可以因"师"而异、因"生"而异,教师可以灵活处理。

第二章 实践篇

发现文言之美

——"探究文言文的表达智慧"专题教学设计

【教学依据】

《普通高中语文课程标准》(2017年版2020年修订)对"学习任务群4　语言积累、梳理与探究"的表述是:

> 本任务群旨在培养学生丰富语言积累、梳理语言现象的习惯,在观察、探索语言文字现象,发现语言文字运用问题的过程中,自主积累语文知识,探究语言文字运用规律,增强语言文字运用的敏感性,提高探究、发现的能力,感受祖国语言文字的独特魅力,增强热爱祖国语言文字的感情。[1]

本设计完全契合上述要求,通过指导学生探究文言词汇、文言语法等蕴含的表达智慧和美感,帮助学生感受文言文的独特魅力,激发学生学习文言文的兴趣,进而有效提升文言文的教学效率。文言文教学长期以来重视文本的思想价值,忽视文本的语言价值,具体表现为教师对文言虚词、文言

---

[1] 中华人民共和国教育部:《普通高中语文课程标准》(2017年版2020年修订),人民教育出版社2020年第2版,第15页。

句式、词类活用等难点更多的是强调记忆与积累，极少指导学生探究其中蕴含的文言表达智慧和美感。

本设计通过引导学生探究发现文言词汇和文言词法蕴含的表达智慧和文言美感，还能在一定程度上激发学生学习文言文的兴趣，改变学生固有的"文言文枯燥乏味"的印象和畏学心理，进而达到课标预期的"增强热爱祖国语言文字的感情"的目标。

【设计说明】

本设计将打破教材单元的界限，整合教材里文言篇目的语言材料，按照"积累语言材料—梳理语言现象—探索语言规律"的探索过程，采用"小任务—中任务—大任务"的框架，把"探索语言规律"的重点放在探索文言文的语言之美。为节省课时与学生的时间，"积累语言材料"由教师提前准备好。

本设计可以在统编版高中语文必修上册第八单元的教学时段集中进行，使高一学生尽早感受祖国语言文字的独特魅力，进而产生学习文言文的兴趣，最终提高品味古诗文语言的能力。如果受课时限制，也可以分散穿插在文言文的学习中进行。本设计旨在提供教学思路，选用的例句数量有限，且未集中于某册教材，教师使用时可自行增减替换。

【单元学习目标】

1.通过"删减法""替换法""因声求气法"，探究古诗文中虚词、特殊句式、词类活用的妙处，探究发现文言之美。

2.通过探究发现文言之美，感受祖国语言文字的独特魅力,增强热爱祖国语言文字的感情。

【单元学习任务】

探究古诗文中虚词、特殊句式、词类活用的妙处后,以"发现文言之美"为题目写一篇赏析文章,送给畏惧文言文学习的学弟学妹,鼓励他们爱上文言文。

【教学时长】

8课时。

【教学过程】

一、探究文言虚词的表达之妙

(一)教师课前准备语言材料

教师从课文中整理出一组含有文言虚词的例句。

例1:

  今老矣,无能为也已。　　　　　　(《烛之武退秦师》)

例2:

  小学而大遗,吾未见其明也。　　　　(《师说》)

例3:

  月出于东山之上,徘徊于斗牛之间。　(《赤壁赋》)

例4:

  方其破荆州,下江陵,顺流而东也,舳舻千里,旌旗蔽空,酾酒临江,横槊赋诗,固一世之雄也,而今安在哉?

况吾与子渔樵于江渚之上，侣鱼虾而友麋鹿，驾一叶之扁舟，举匏樽以相属。寄蜉蝣于天地，渺沧海之一粟。

（《赤壁赋》）

（二）活动1：课上师生探究例句中的虚词之妙

教师提出要求：删掉例句中的虚词，对比朗读原句与变式句，分享朗读后的感受。

1.教师用例1做示范。

请学生逐一删掉例1句中的虚词，得到以下三个变式句：

  A.今老矣，无能为也。

  B.今老矣，无能为。

  C.今老，无能为。

学生对比朗读后发现，逐一去掉虚词"已""也""矣"后，变式句一句比一句声音短促生硬，也越发显出烛之武态度之生硬，拒绝之坚决。而原句中，烛之武虽然表达出拒绝之意，但并不决绝，给人的感觉是只表达了自己的委屈不满而不是表达愤怒，所以并未伤及郑伯的面子。可见，作者只用三个语气词，就能表现出烛之武的复杂心理和富有智慧的形象，而且还保持了史家记述时中立冷静的立场。

小结：品味虚词表达之妙的实践路径，是利用"删减法"和"因声求气法"（对比诵读法），探究文言虚词的表意丰富和音义谐调一致的特点。

2.师生共同探究其他例句。

（1）例2删掉虚词，原句变为"小学大遗，吾未见其明也"。

对比朗读后发现,两个句子感情的强烈程度明显不同。原句的"而"字强调了"小学"和"大遗"的对比意味,与作者的强烈否定甚至讽刺之意谐调一致。而变式句则语气平淡,难以表达出作者的感情起伏和态度倾向。

(2)例3删掉虚词,原句变为"月出东山上,徘徊斗牛间"。对比朗读后发现,变式句的节拍减少,声音变得短促生硬,与人物的心境不符。而原句由于有虚词"于""之"的加入,阅读时节拍增加,节奏舒缓从容,音韵婉转起伏,更契合作者悠然开阔的心境。

(3)例4删掉虚词"方"与"况"后,对比朗读发现:①原句中"方"与"况"两个虚词分别引领后面的文字,有区分语段层次的作用;②"方"的读音响亮高亢,与"客"赞颂曹操的高昂情绪谐调一致,"况"的读音由高落到低,与"客"联想自身时的低落情绪谐调一致。

(三)活动2:总结文言虚词的妙处

学生整理学案后,师生交流共同总结文言虚词的妙处。

1.运用虚词,有助于作者表达丰富、细腻、精微的情感变化。

2.运用虚词,诵读文言语句时,会有一种抑扬顿挫、婉转流动的声音美感。

3.运用虚词,使文章的表意层次分明。

(四)活动3:课后作业

请学生再从课文内外找出含有虚词的文言例句和古诗例句,赏析其中虚词的表达之妙(说明:这个作业可作为下一个课题的前测)。

二、探究古诗中虚词的表达之妙

(一)教师课前准备含有虚词的古诗词例句

例1：

> 乱花渐欲迷人眼，浅草才能没马蹄。
>
> （白居易《钱塘湖春行》）

例2：

> 商女不知亡国恨，隔江犹唱后庭花。
>
> （杜牧《泊秦淮》）

例3：

> 闺中少妇不知愁，春日凝妆上翠楼。忽见陌头杨柳色，悔教夫婿觅封侯。
>
> （王昌龄《闺怨》）

例4：

> 映阶碧草自春色，隔叶黄鹂空好音。　（杜甫《蜀相》）

(二)活动1：课上师生探究例句中的虚词之妙

梳理例句，利用"删减法"、"替换法"（把虚词换成实词而不改变原意）和"因声求气法"，探究古诗中的虚词是否也有表意丰富和音义谐调一致的特点。

1.教师用例1做示范。

删掉虚词"渐欲"和"才能"，得到变式句"乱花迷人眼，浅草没马蹄"。对比诵读后，发现"乱花迷人眼，浅草没马蹄"只是表达诗人眼前所见,对诗人面对春景的心理变化则无法体现出来。而原诗句加入虚词"渐欲",表达出了繁花纷纷扑面而来,诗人渐渐眼花缭乱的画面感;加入虚词"才能",表现出了春草初生,让诗人生出一种惊喜和爱怜的心情。

2.师生共同探究其他例句。

（1）例2用"替换法",把虚词"犹"替换成实词"欢"或"笑",原句变为"商女不知亡国恨,隔江欢唱后庭花",只描写出了一种"隔江商女唱歌"的客观场景。而原句的"犹"字,不仅描写出这种客观场景,还充分表达出了作者对国家衰微时竟然还在"买歌寻欢"的权贵们的悲愤、无奈之情以及对国家命运的关怀、忧虑的复杂心情。作者只用一个虚词"犹"字,无须借助其他实词,就表现出这些复杂的心情,可见虚词用字俭省却表意丰富,在诗中起到"以一当十"的作用。

（2）例3用"替换法",把虚词"忽"替换为实词"眼",原句变为"眼见陌头杨柳色,悔教夫婿觅封侯",再对比诵读后发现,变式句表意平淡,人物内心没有起伏。而原句中"忽"字,明显有"陡转"的意味,交代了人物心理由"不知愁"到"悔"的变化原因。再从"起承转合"看,"忽"句是"转"。因此,"忽"字在全诗的表意和结构上都起到转折作用。

（3）例4用"替换法",把虚词"自"和"空"替换为实词"发"和"鸣",得到变式句"映阶碧草发春色,隔叶黄鹂鸣好音"。通过比较诵读,变式句只是描述了作者的所见所闻,而原句的虚词"自"和"空"蕴含着时间的流动感,仿佛"映阶碧草"和"隔叶黄鹂"从诸葛亮在世时便一直生长、鸣叫直到作者游武侯祠,让人感觉好像景物携带着几百年的沧桑从幽深的历史深处蔓延过来。可见,加入虚词,貌似在描写原来的景物一直未变,实际在暗示"英才"(诸葛亮)早已不在,从而表达出那种"物是人非"的复杂感情。

(三)活动2:师生总结古诗中虚词的表达之妙

学生整理学案后,借鉴第1课时总结的文言虚词的妙处,学生探究出古诗中虚词的表达妙处。

1.运用虚词,使诗歌更能传递丰富、细微的感受。

2.运用虚词,使诗歌节奏富有变化,诵读起来有一种抑扬顿挫、婉转流动的韵致。

3.运用虚词,能使古诗文实现"以少胜多""言尽而意未尽"的表达策略。

(四)活动3:课后作业

请学生修改第1课时"活动3"的作业。另找出两句含有虚词的中国古诗例句,赏析其中虚词的表达之妙。

三、探究文言文的句式之妙

(一)教师课前准备语言材料

第一组:文言文的对仗句式

例1:

庖丁为文惠君解牛,<u>手之所触,肩之所倚,足之所履</u>,膝之所踦,砉然向然,奏刀騞然,莫不中音。合于《桑林》之舞,乃中《经首》之会。文惠君曰:"嘻,善哉!技盖至此乎?"

(《庖丁解牛》)

例2:

有席卷天下,包举宇内,囊括四海之意,并吞八荒之心。

(《过秦论》)

例3:

于是六国之士,有宁越、徐尚、苏秦、杜赫之属为之谋,齐明、周最、陈轸、召滑、楼缓、翟景、苏厉、乐毅之徒通其意,吴起、孙膑、带佗、倪良、王廖、田忌、廉颇、赵奢之伦制其兵。尝以十倍之地,百万之众,叩关而攻秦。秦人开关延敌,九国之师,逡巡而不敢进。秦无亡矢遗镞之费,而天下诸侯已困矣。于是从散约败,争割地而赂秦。秦有余力而制其弊,追亡逐北,伏尸百万,流血漂橹;因利乘便,宰割天下,分裂山河。强国请服,弱国入朝。

(《过秦论》)

第二组:文言文的倒装句式

例1:

蚓无爪牙之利,筋骨之强。 (《劝学》)

例2:

渺渺兮予怀,望美人兮天一方。　　　(《赤壁赋》)

例3:

陨石于宋五。　　　(《左传·僖公十六年》)

例4:

鲁肃独不言。　　　(《资治通鉴·第六十五卷》)

(二)活动1:课上师生探究对仗句式之妙

1.教师用第一组的例1做示范。

梳理第一组的例1,利用"替换法"和"因声求气法",从表意和声音效果两个方面探究文言文对仗句式之妙。

《庖丁解牛》是散文,为什么第一段要用三组对仗句呢?从表意看,例1这段文字的内容是描写庖丁的解牛动作非常娴熟,有节奏感,有音乐美。再看这段中的三组对仗——"手之所触,肩之所倚,足之所履,膝之所踦""砉然向然,奏刀騞然""合于《桑林》之舞,乃中《经首》之会",从诵读效果看,节奏短促而整齐,朗读时有音乐美。可见,作者运用对仗句式,营造出的声音效果与表意谐调一致。

2.师生共同探究第一组的其他两个例句。

(1)第一组例2中"席卷""包举""囊括"都有"并吞"之意,"宇内""四海""八荒"都有"天下"的意思,用"替换法"把原句替换为"有席卷天下之意",也能表达秦国统一天下的雄心。两种句法的表意相同。比较一下二者的声音效果,对比诵读原句与变式句后发现,原句铺排为对仗的四字句和六字句，节奏整齐又有变化，并且末句连用"荒"和"心"的平音，整组句子读起来节奏短促、尾音响亮绵长，可见原句的声音效果比变式句更能表现秦国野心勃勃、锐不可当的气势。

（2）观察第一组的例3，从表意看，这段写了两层意思，第一层写六国人才众多，实力雄厚；第二层写秦国战胜九国。两层意思都使用了排比句，但句子长短不同。从声音看，第一层使用长句，读起来声音连绵浩荡，这个声音效果与"人多势众"的意思谐调一致；第二层使用短句，尤其"于是"后面的四字句，读起来节奏短促，整齐划一，这种声音效果与秦国迎战强敌的沉着冷静谐调一致。可见，同样都是对仗句式，句式的长短变化也有不同的声音效果。

小结：探究文言文的句式之妙时，主要看其声音效果与表意内容是否谐调一致。

（三）活动2：师生共同探究文言文倒装句式之妙

1.教师先用学生熟悉的例句，利用"替换法"和"因声求气法"做示范。

在探究例句前，先回顾一个熟悉的句子——《愚公移山》中的"甚矣，汝之不惠"。这是一个谓语前置句，语境是智叟想劝阻愚公移山的行为。替换为正常语序"汝之不惠甚矣"，对比诵读后发现，正常语序的句子读起来语气平淡，表现不出智叟的情绪。原句读起来更能表现出智叟对愚公移山的复杂情绪，或情急，或怜悯，或嘲讽。如果不用倒装句式，想要表达出这些复杂情绪，或许需要花费更多的笔墨。

小结：倒装句的妙处在于不用增加文字，仅通过诵读效果，就能表达出对倒装成分的强调意味，能将作者的意思表达得丰富细腻。

2.教师再用第二组的例1做示范。

利用"替换法"，将例1改为正常语序"蚓无利爪牙，强筋骨"，字面的语意与原句相同，但对比诵读后不难发现，原句将定语"利"和"强"后置，诵读"爪牙之利，筋骨之强"时节拍整齐，铿锵有力，且把"利"和"强"读成重音，起到强调二字的作用，更能反衬"蚓"的锲而不舍。

3.学生探究第二组的其他例句。

（1）例2的语境是作者月夜泛舟赤壁，陶醉于美景，喜极而歌。"渺渺兮予怀"是谓语前置句，正常语序是"予怀渺渺兮"。对比诵读两个句子可知，正常语序只表达了作者的客观叙述，作者的情绪波动表达得不明显；而原句则表达出了作者沉醉于美景时情不自禁地发出感叹之情。

（2）例3"陨石于宋五"是定语后置句，按此语序理解为"有东西陨落，落在宋国，前往探视发现是石，数了数有五块"。这样的语序，将陨石的发现过程和人们惊疑、探究、释然的心理过程都现场直播般呈现给读者。如果改成正常语序"宋有五陨石"，译为"宋国降下五块陨石"，是经过加工后的信息，缺乏原句表意的精妙。

（3）例4这句话的语境是孙权召集群臣议论如何应对曹操，张昭等人力主降曹，鲁肃反对。这句话翻译为现代汉语是"惟独鲁肃不说话"，是状语后置句。仔细品味原句与译句，便可发现:译句只是客观地展示了"鲁肃不说话"的"镜头",原句除此之外,用"独"修饰"不言",还暗示出鲁肃的心理——他有意不说话。

分析例3、例4两句可知,原句体现出作者对读者感知体验的"尊重",而译句传递给读者的是经过叙述者加工的信息,叙述者"剥夺"了读者感知体验的权利。

(四)活动3:师生交流探究倒装句式的妙处

1.在表意方面,倒装句能用简约的文字表达出形象、细腻、复杂的内容,还能为读者提供"感知体验"的空间。

2.在声音上,倒装句音韵和谐,还能强调所表达的意思。

(五)活动4:课后作业

从课文内各找出一种文言句式的例句,写出一段赏析文言文句式之妙的短评。

四、探究文言文词类活用的妙处

(一)教师课前准备词类活用的语言材料

1.名词活用作状语。

例1:

  项伯亦拔剑起舞,常以身翼蔽沛公。　　(《鸿门宴》)

例2:

  大喜,笼归,举家庆贺。　　　　　　　　(《促织》)

2.名词活用作动词。

例3：

> 吾师道也,夫庸知其年之先后生于吾乎？
>
> （《师说》）

例4：

> 侣鱼虾而友麋鹿。　　　　　　（《赤壁赋》）

3.形容词活用作名词。

例5：

> 以乱易整,不武。　　　　（《烛之武退秦师》）

例6：

> 简能而任之,择善而从之。　　（《谏太宗十思疏》）

4.形容词活用作动词。

例7：

> 楚左尹项伯者,项羽季父也,素善留侯张良。
>
> （《鸿门宴》）

例8：

> 老吾老,以及人之老；幼吾幼,以及人之幼。
>
> （《齐桓晋文之事》）

5.动词活用作名词。

例9：

是使民养生丧死无憾也。　　　　（《寡人之于国也》）

6.动词活用为使动用法。

例10：

舞幽壑之潜蛟，泣孤舟之嫠妇。　　　　（《赤壁赋》）

（二）活动1：师生总结词类活用的规律

教师说明：在古汉语中，由于词汇量不够，且大多以单音节词为主，也没有严密的语法体系，所以有时在语境中临时改变一些词的词性，在句中充当其他语法成分，这种临时的灵活运用就是词类活用。

教师要求：把例句翻译成现代汉语，注意加点字的用法，然后试着总结一下词类活用的规律。

1.名词活用作状语。

例1：

项伯亦拔剑起舞，常以身翼蔽沛公。　　　　（《鸿门宴》）

项伯也拔剑起舞，常用身体像鸟（张开）翅膀一样掩护沛公。

例2：

大喜，笼归，举家庆贺。　　　　（《促织》）

非常高兴，用笼子（装着）拿回家，全家庆贺。

小结：名词用在动词前，却不是作主语，这时名词就活用为状语。

2.名词活用作动词。

例3：

吾师道也，夫庸知其年之先后生于吾乎？

（《师说》）

我学习的是知识道理，又何必理会老师的年龄比我大还是小呢？

例4：

侣鱼虾而友麋鹿。　　　　　　　（《赤壁赋》）

把鱼虾当作伙伴，把麋鹿当作朋友。

小结：当两个名词并用时，既不是并列词组，也不是偏正词组，那么前一个名词就活用作动词。例4是名词活用作意动用法，意动用法就是主语认为宾语具有谓语动词的特性，实际上宾语不一定具有。例如，说话人主观上把鱼虾、麋鹿当作伙伴、朋友，客观上它们并不是说话人的伙伴、朋友。

3.形容词活用作名词。

例5：

以乱易整，不武。　　　　　　（《烛之武退秦师》）

用混战的局面代替团结整齐的局面，不符合动武的原则。

例6：

简能而任之，择善而从之。　　（《谏太宗十思疏》）

选拔有才能的人而任用他们，选择好的意见采纳它。

小结：形容词一般不能作宾语，如果在句中作了动词的宾语，就活用作名词了。

4.形容词活用作动词。

例7：

楚左尹项伯者，项羽季父也，素善留侯张良。

（《鸿门宴》）

楚左尹项伯，是项羽的叔父，一向与留侯张良有交情。

例8：

老吾老，以及人之老；幼吾幼，以及人之幼。

（《齐桓晋文之事》）

赡养孝敬自己的长辈时，推及别人的长辈；抚育自己的小辈时，推及别人的小辈。

小结：形容词不能带宾语，如果带了宾语，就活用为动词。

5.动词活用作名词。

例9：

是使民养生丧死无憾也。　　（《寡人之于国也》）

这样能使百姓抚养活着的人、安葬死去的人而没有遗憾了。

小结：动词作了宾语，就活用为名词。

6.动词活用为使动用法。

例10：

　　舞幽壑之潜蛟，泣孤舟之嫠妇。　　（《赤壁赋》）
　　使深谷中的蛟龙（听了）起舞，使孤舟上的寡妇（听了）哭泣。

小结：通常谓语动作是主语发出的，如果是宾语发出的，而且是主语让宾语发出的，那么这个谓语就是使动用法。

（三）活动2：探究文言词类活用的表达妙处

探究：词类活用除了解决词汇量不足以外，还有什么表达妙处呢？

1.名词活用作状语。

例1：

　　项伯亦拔剑起舞，常以身翼蔽沛公。
　　项伯也拔剑起舞，常用身体像鸟（张开）翅膀一样掩护沛公。

经过对比诵读发现，原句比译句更简洁，更适合表达当时随时血溅人亡的危急情境。试想，如果用相对啰唆的译句来表达危急情境，则会很不谐调。但文言文也不是一味追求简洁，"翼蔽"比单用"蔽"字更具有画面感，更能形象地表现出项伯保护沛公的迫切心情。

2.动词活用为使动用法。

例10：

> 舞幽壑之潜蛟，泣孤舟之嫠妇。
> 使深谷中的蛟龙（听了）起舞，使孤舟上的寡妇（听了）哭泣。

经过诵读品味发现，原句更简洁，表意更精微。除了夸张地表现了箫声的感染力外，还表现了人们感受的过程：先看到有东西在舞动的动作，然后仔细观察，原来是"幽壑之潜蛟"在舞动；先前"看不清"是什么东西在"舞动"，是因为"幽""潜"的缘故。先听到女人的哭泣声，然后仔细了解，原来是"孤舟之嫠妇"在哭泣；先前"不知道"是谁，是因为"孤""嫠"的缘故。相比之下，译句只表达了一个事实，无法表达从感知到探究的过程。

（1）对照原文和译文发现，使用词类活用的文言原句比译句更简洁，而简洁是文言文显著的特点。

（2）词类活用还体现出古汉语表意精妙幽微的表达智慧。

总结：发现文言之美的学习策略是，通过与现代汉语对比诵读品味，一看文言的表意精妙幽微，二看文言的声音效果是否与表意谐调一致。

建议同学们在学习文言文时有意识地运用上述策略，品味文言之美，窥探文言文的表达智慧，进而增强对祖国语言文字的热爱之情和对民族文化的自信心。

五、完成单元任务

（一）活动1：学生课堂上完成单元任务

请学生在课堂上用一节课的时间，以"发现文言之美"为题目写一篇赏析文章，送给畏惧学习文言文的学弟学妹们，鼓励他们爱上文言文。

（二）活动2：师生交流赏析文章

学生分组交流"发现文言之美"的赏析文章，推荐出本组最优秀的作品，最后根据教师的指导，修改自己的赏析文章。

【单元教学反思】

1.高一上学期的学生大多没有从表达智慧的角度探究过"文言之美"。因此，他们在本课例的学习过程中，对探究到的古代汉语表达智慧感到很兴奋，认为文言文学习"原来挺有意思"，这在很大程度上打消了他们对文言文的畏难情绪。当然，初期探究文言文的表达智慧，需要教师较多地辅助讲解。

2.在完成赏析文章时，学生只是把课堂上分析的成果加以罗列，忽略了"送给畏惧学习文言文的学弟学妹们，鼓励他们爱上文言文"的表达意图，缺乏与特定读者交流的意识和策略，需要教师着意指导。

3.大多数学生的难点在于语法知识不扎实，不少学生在判断词性和句子成分时有困难，建议教师至少花一节课的时间去给学生们补充词性和单复句的相关知识。

诗意地对待人生的失意

——"生命的诗意"教学设计一

【教学依据】

统编版高中语文必修上册第三单元的人文主题是"生命的诗意",任务群属于"文学阅读与写作"。《普通高中语文课程标准》(2017年版2020年修订)对本任务群的"学习目标与内容"表述如下:

(1)精读古今中外优秀的文学作品,感受作品中的艺术形象,理解欣赏作品的语言表达,把握作品的内涵,理解作者的创作意图。结合自己的生活经验和阅读写作经历,发挥想象,加深对作品的理解,力求有自己的发现。

(2)根据诗歌、散文、小说、剧本不同的艺术表现方式,从语言、构思、形象、意蕴、情感等多个角度欣赏作品,获得审美体验,认识作品的美学价值,发现作者独特的艺术创造。

(3)结合所阅读的作品,了解诗歌、散文、小说、剧本写作的一般规律。捕捉创作灵感,用自己喜欢的文体样式和表达方式写作,与同学交流写作体会。尝试续写或改写文学作品。

（4）养成写读书提要和笔记的习惯。根据需要,可选用杂感、随笔、评论、研究论文等方式,写出自己的阅读感受和见解,与他人分享,积累、丰富、提升文学鉴赏经验。①

由此可见,本任务群对古诗单元的学习要求是阅读古诗歌,在感受形象、品味语言、体验情感的过程中提升文学欣赏能力,并能撰写文学评论,以提高审美鉴赏能力和表达交流能力。

【设计说明】

本单元共有八篇经典的古诗词,其中四篇为自读篇目,涵盖了诗词的多种样态,古诗有四言诗、五言诗、七言诗和杂言诗,包括古体诗和律诗;词有诗化词和赋化词。八篇诗词的思想感情也有共性,都主要表现诗人对人生的追求、思考、感悟,都表现了作者"诗意"地面对自己的人生失意。所以,学生在学习本单元古诗词时,能得到一定的精神启迪。

【单元学习目标】

1.通过反复诵读,概括古诗的思想内容,认识诗人对社会、人生的思考与感悟,提升思维品质,启迪思想。

---

① 中华人民共和国教育部:《普通高中语文课程标准》(2017年版2020年修订),人民教育出版社2020年第2版,第17页。

2.学会写文学短评。

【单元学习任务】

班级要开"古诗词学习交流会",交流的话题:①怎样读懂古诗词?②诗人是怎样诗意地对抗人生失意的?请你结合本单元的学习成果和学习经验,写出发言稿。

【教学时长】

14课时。

【教学过程】

课前准备:学生在课前查找八首诗词的写作背景,查出诗人写作本篇时的年龄,梳理出他们当时"人生的失意",填入下面表格。示例:

2-1 统编版高中语文必修上册第三单元
诗人失意情况一览表

诗人	篇名	人生的失意	诗人写作本篇时的年龄
曹操	《短歌行》	人到晚年,欲急揽人才完成一统天下的大业而不得	晚年
陶渊明	《归园田居（其一）》	为谋生而做官,为精神自由而弃官,在二者之间痛苦地来回切换	中年
杜甫	《登高》	心忧朝廷和黎民,却仕途无机会,生活无依赖,一生漂泊各地	晚年
李白	《梦游天姥吟留别》	进入向往的仕途,却被皇帝当作"文化花瓶",还受到达官贵人们的排斥,最后被排挤出京	中年

续表

诗人	篇名	人生的失意	诗人写作本篇时的年龄
白居易	《琵琶行(并序)》	因写讽喻作品得罪当权者,被贬为江州司马	中年
苏轼	《念奴娇·赤壁怀古》	年少科举得志,誉满京城,却因"乌台诗案"被贬到黄州任团练副使的闲职两年多	中年
辛弃疾	《永遇乐·京口北固亭怀古》	有报国的才志和光辉的功绩,却不被重用	晚年
李清照	《声声慢》	金兵入侵后,经历亡国、丧夫、南逃之痛,遭受劫难,忧愁苦闷	晚年

一、《短歌行》《归园田居(其一)》《登高》

把这三篇放在一个课段学习,是考虑到这三篇都是短诗,属于四言、五言、七言诗,便于训练高一学生"读懂文本"的基础能力,也为理解诗歌的字数、节拍与情感的谐调性打下基础。

(一)活动1:借助写作背景,反复诵读,概括《短歌行》《归园田居(其一)》《登高》这三首诗的思想内容,探究诗人是怎样对待"人生的失意"的

1.反复诵读这三首诗,参考表2-1中"人生的失意",梳理出三首诗的表达思路,用精练的语言写出思想感情。

(1)交流讨论后,明确《短歌行》的表达思路:以"忧思"为诗眼。

2-2 《短歌行》表意思路一览表

第一节	对酒当歌—唯有杜康	诗人欲建统一大业,却因人生短暂而忧
第二节	青青子衿—不可断绝	诗人暗示渴望贤才来聚,也为求贤不得而忧
第三节	越陌度阡—何枝可依	诗人两次含蓄地表达渴望招揽贤才之情,望贤才别再犹豫
第四节	山不厌高—天下归心	明白地表达渴望招揽贤才之情,点明全诗主旨

概括《短歌行》的思想感情:

诗人表达对人生苦短、贤才难得的忧虑,表达了求贤若渴的强烈感情和统一天下的雄心壮志。

(2)交流讨论后,明确《归园田居(其一)》的表达思路:以"归"为诗眼。

前三句,表达"归"的原因:关键词"爱""误""恋""思"。

第四句,表达"归"后的生活:关键词"守拙"。

末二句,表达"归"后的感受:关键词"樊笼""自然"。

概括《归园田居(其一)》的思想感情:

诗人通过直接表达"误落尘网",和自比"羁鸟""池鱼",抒发了对官场生活带来的心灵痛苦与厌倦之情;又用白描手法勾勒朴素的家园,抒发了回归田园生活的喜悦之情。

（3）交流讨论后，明确《登高》的表达思路：所见所闻+所感，以"悲"为诗眼。

> 前两联写景，描写了诗人登高时所见所闻。
> 后两联抒情，抒发了诗人登高时所感。

概括《登高》的思想感情：

> 诗人登高时面对寂寥的秋景，联想自身的际遇和艰难时世，生发出身处穷困潦倒、长年漂泊、年老多病等多种人生的悲哀之情。

2.探究诗人们是怎样诗意地对待"人生的失意"的。

（1）从各诗的内容看，诗人有各自纾解失意的行为。

①在《短歌行》中，诗人以招揽人才、共建大业，来对抗年老无功的人生失意。可见，在"诗意"地对待"人生的失意"方面，诗人的做法是积极进取、建功立业。

②在《归园田居（其一）》中，诗人先是反思认清了自己的内心——厌恶官场，热爱田园生活；认清内心后，毅然归隐，并在田园生活中获得心灵上的满足。可见，在"诗意"地对待"人生的失意"方面，诗人的做法是逃离令他痛苦的官场，回归恬淡的田园生活。

③在《登高》中，诗人登高望远，利用壮阔的大自然来纾解自己浓重的悲伤。可见，在"诗意"地对待"人生的失意"方面，诗人的做法是置身于广阔的大自然中。

（2）赋诗解愁。诗人凝神推敲文字，用精巧的语言、诗歌的形式来表达失意的创作过程,便是其忘却世俗痛苦的审美过程。

教师补充:诗词本身存在于苦难之中,而且也在承受苦难之中。在遇到苦难时,为了排解苦难,建议同学们多用诗词来表达,用诗词来排解忧愁。

3.曹操和陶渊明两人生活的时代相近,出身相近,但从二人的诗中看,他们的人生选择却截然不同。这给当今的人们什么启示呢?

提示:曹操拥有儒家积极进取的思想,而陶渊明拥有道家冲淡虚静的境界。从社会发展的趋势看,曹操的积极进取是社会的主流价值观,客观上讲,曹操面临的各种压力比陶渊明大得多;而陶渊明的冲淡虚静为后人提供了遇挫时的精神避风港。通过比较,我们得到的启示是,每个人最好同时具备这两种人格。

(二)活动2:尝试写文学短评

1.教师示例。赏析《归园田居(其一)》中"狗吠深巷中,鸡鸣桑树颠"两句的妙处。

> 这诗句朴实自然,但细究下大有匠心。首先,作者选取的细节场景有代表性。"狗吠""鸡鸣",这些让人熟悉的乡村生活细节,能让作者感受到回归田园的亲切和愉悦,可见作者对"误落"官场之悔和"恋""思"家园的程度之深。其次,作者对空间的安排巧妙。"深巷中"是横向空间,"桑树颠"是纵向空间。最后,这诗句描写的是动景,与前面诗句构成动静结合的效果。

2.学生实践。课后的"学习提示"指出,《短歌行》"质朴刚健",《归园田居(其一)》"平淡舒缓",《登高》意境"沉郁悲凉"。赏析这些诗歌的语言风格,请结合具体诗句加以阐释。

> 示例:《短歌行》的语言风格"质朴刚健","质朴"主要表现在多处诗句所用语言质朴自然,没有雕饰,如"对酒当歌""去日苦多""何以解忧,唯有杜康""忧从中来,不可断绝"。"刚健"表现在思想内容上,表达了虽年华老去但仍积极广纳贤才、建功立业的豪迈之情,还表现在"二二"节拍形成铿锵有力的声音之美。

3.课后作业。请从三首诗中任选诗句,从表现手法、用词精妙、意象选择、意境营造、情景关系等任一角度,写出赏析文字。

二、《梦游天姥吟留别》

(一)活动1:反复诵读,参照表2-1中李白"人生的失意",概括《梦游天姥吟留别》的思想内容,探究诗人是怎样对待"人生的失意"的

1.交流讨论后,明确《梦游天姥吟留别》的表达思路。
围绕"梦游天姥"展开:

> 首段:入梦的缘由,听说天姥高耸深入浮云。
> 中段:进入梦境。

一层（首句——"剡溪"），在梦中飞渡天姥山附近的镜湖、剡溪；

二层（"谢公"——"天鸡"），在月夜攀登天姥山的过程；

三层（"千岩"——"生烟"），在天姥山顶的奇异见闻；

四层（"列缺"——"如麻"），神仙出场，梦至高潮；

五层（"忽魂悸"——"烟霞"），梦境破灭，回到现实。

末段：梦醒的感受，醒悟"世间行乐亦如此"，不能"摧眉折腰事权贵"。

2.结合写作背景，深入理解本诗的主题。

教师提示：根据写作背景可知，这首诗写于李白"赐金放还"之后，他所描绘的梦境是否与他这段"人生的失意"有关呢？我们试着把诗中的梦境与李白的现实经历做一下对照：

首段，"海客""越人"之语，是否像世人（包括李白）对官场的敬畏？"欲倒东南倾"，是否像世人对权贵的仰慕？中段，"一夜飞度"的攀登心态，是否如同李白想入朝为官时的迫切之情和踌躇满志？天姥山上的"迷花倚石""熊咆龙吟"的奇异惊心之见闻，是否如同李白如愿进入朝廷时的恍惚迷离？"仙之人兮列如麻"，是否暗示了朝堂上皇帝与权贵的出场盛况带给李白的心理冲击？"恍惊起而长嗟"，是否像作者理想幻灭，由朝廷落回民间？尾段，"安能摧眉折腰事权贵，使我不得开心颜"，是否像作者绝望后的清醒和弃绝？

上述对照似乎都说得通，可以说，本诗描绘的梦游天姥山的历程，正反映了作者对官场"向往—追求—幻灭—清醒—决绝"的心路历程，表达了作者追求自由、蔑视权贵的叛逆精神。

3.探究诗人是怎样诗意地对待"人生的失意"的。

（1）从诗中可见诗人纾解失意的行为，一是反思认清自己的内心，既然"摧眉折腰事权贵"会"使我不得开心颜"，从此放下执念便好了；二是与朋友的交往，游历山水，用友情和美景来冲淡失意。

（2）赋诗解愁，在诗歌的创作过程中进入审美情境。

（二）活动2：写文学短评

课后作业。关于作者对"天姥山顶"的描绘，有人认为是奇异美景，也有人认为是令人恐惧的景象。你怎么看？请结合诗句说出理由。

三、《琵琶行（并序）》

（一）活动1：反复诵读序和诗，参照表2-1中白居易"人生的失意"，概括《琵琶行（并序）》的思想内容，探究诗人是怎样对待"人生的失意"的

1.交流讨论后，明确《琵琶行（并序）》的《序》和正文之间的关系。

明确：《序》交代了写作缘由、写作背景、内容提要，奠定了全诗感伤的感情基调。

2.用精练的语言概括《琵琶行（并序）》的表达思路。

以认识琵琶女的过程和作者情感变化为线索。

背景：秋夜将惨别

偶遇：闻乐求演奏

凝听：前奏——调弦校音　（暗示琴艺了得）

　　　开始——弦弦掩抑　（暗示琵琶女不得志）

　　　发展——渐入佳境

　　　高潮——银瓶铁骑　（有层次地描绘琴声）

　　　曲终——沉浸，无言　（弹奏结束）

交流：奏罢诉身世，人生落差大

　　　赠诗致谢意，同病人相怜

　　　再弹司马泣，司马泣青衫

3. 概括作者认为自己与琵琶女"同是天涯沦落人"的理由。

①经历相同，都来自繁华的京都，流落到偏僻的江州。②心路历程相同，都曾经历人生巨大落差，由受人仰慕到如今的落魄失意。③才华出众，都通晓音乐，是彼此的知音。

4. 写出你理解的本诗主题。

被贬谪的诗人在得知琵琶女的不幸经历后，引发"同是天涯沦落人"的共鸣和感慨，抒发了人生无常的悲哀。

5. 探究诗人是怎样诗意地对待"人生的失意"的。

①《序》中所说的保持"恬然自安"的心态。②在美妙的音乐中宣泄情绪。③赋诗记载这段独特的经历。

（二）活动2：写文学短评

诗中有几处景物描写，请选出并赏析其妙处，写成一段文学短评。

1.教师示例：首段中的"枫叶荻花秋瑟瑟""别时茫茫江浸月"。

诗人用"枫叶荻花秋瑟瑟"烘托了"夜送客"时的萧瑟落寞之感。"夜送客"本就是感伤之事，又发生在悲"秋"，更增一分感伤。触目所及，又见柔弱的"枫叶荻花"轻轻摇摆，发出轻微的声音，更增一分无力感。这里的"瑟瑟"，表面形容"枫叶荻花"的状态，实际也暗示了诗人此时的心绪。"别时茫茫江浸月"又进一步渲染"惨将别"的压抑之感。"茫茫"既是描写水月相接时的迷蒙，也暗指诗人茫然的心境。明明是"江映月"，却写成"江浸月"，"浸"字给人的感觉呼应了"惨"字。这两句景物描写又为下文"忽闻水上琵琶声"的陡转惊喜做足了铺垫。

2.学生实践：请结合描写音乐的具体诗句，写出赏析文字（略）。

四、《念奴娇·赤壁怀古》《永遇乐·京口北固亭怀古》《声声慢》

（一）活动1：反复诵读这三首词，参照表2-1中三位作者的"人生的失意"，梳理表达思路，概括思想内容，探究词人是怎样对待"人生的失意"的

1.概括《念奴娇·赤壁怀古》的思想内容。

（1）交流讨论后，明确《念奴娇·赤壁怀古》的表达思路是"所见"+"所感"，以"怀古"为诗眼。

上阕，即景写实。首句先写眼前滚滚东流的大江，"浪淘尽"把大江与历史人物联系起来，为"怀古"设置了广阔而悠久的时空背景。第二句，作者由大江转向赤壁，点明作者观景的立足点（也是怀古之古地）——传说中的赤壁古战场，"周郎赤壁"为下阕缅怀周瑜预伏一笔。第三句，继续描写赤壁雄奇壮阔的景物。尾句，以"江山如画"收束写景，以"一时多少豪杰"引出下阕怀古之古人。

下阕，因景生情。前两句，以"遥想"领起，由上阕的"一时多少豪杰"聚焦到"怀古"的中心人物周瑜身上，一个婚姻美满、年轻英俊、建功立业的青年才俊。后两句，表达自己的"感怀"，第三句作者从"故国神游"回到现实，与周瑜对比，自嘲年龄已老，事业无功，透露出作者壮怀难酬的感慨。结尾句，作者回归理性，既然"人生如梦"，不如豁达地放下人生的种种不如意，"江月"回扣开头的"大江"。

这首怀古词，上阕以赤壁为主，下阕以周瑜为主。

（2）概括本词的思想感情。

> 作者既表达了对壮丽河山的赞美，对昔日英雄人物的无限怀念和敬仰之情，对自己功业未就却年华已老的失落之情，也表达了"人生如梦"，不如放下个人得失的旷达之情。

2.概括《永遇乐·京口北固亭怀古》的思想内容。

（1）交流讨论后，明确本词的表达思路是"所见"+"所感"，以"怀古"为诗眼。

上阕写作者登上京口的北固亭，瞭望眼前的一片江山。第一句"千古"照应题目的"怀古"，"江山"照应题目的"京口北固亭"。想起了曾在京口叱咤风云的英雄人物。首先想起的是曾在京口建都的吴国开国皇帝孙权，现在再也无处寻觅这样的英雄了；就连当年反映他光辉功业的舞榭歌台，也都已消失不见。其次想起的是曾在京口起事最终称帝的英雄刘裕，当年"气吞万里如虎"，现在的故居却成了"寻常巷陌"。可见，词人抒发了江山依旧，却再无英雄的感伤之情。

　　下阕，感怀当下。"元嘉草草"句，用刘义隆草率出兵遭到重创的事情来影射现实，暗示南宋统治者要吸取前人和自己的历史教训。"四十三年，望中犹记，烽火扬州路"，由怀古转入伤今，自己年老但仍记得在扬州的抗金经历。"可堪回首"句，由回忆自己往昔转入写眼前实景，今昔形成鲜明的对比，当年沦陷区的人民与金朝统治者进行不屈不挠的斗争，但如今沦陷区的人民已经安于金人的统治，竟习惯了对金人君主顶礼膜拜。最后，作者以廉颇自比，一是表达了自己对朝廷忠心耿耿，虽然年老但仍和廉颇一样勇武不减当年；二是忧虑自己有可能像廉颇一样被朝廷弃而不用。

　　小结：全词围绕"怀古"展开。

　　怀古伤今——怀古代英雄孙权、刘裕，哀伤今天没有这样的英雄了；

　　借古讽今——借刘义隆的失败，讽谏今天统治者吸取历史教训；

借昔伤今——借自己当年抗金的经历,痛心今天的百姓安于金人的统治;

借古伤己——借廉颇的故事,表忠心,忧弃用。

(2)概括本词的思想感情。

  本词的思想感情很复杂:抒发了江山依旧,但再无英雄的感伤;抒发了对统治者不吸收历史教训、人民安于金人统治的痛心;表达了自己愿意报效国家的决心,也表达了恐不被朝廷任用的忧虑。

3.概括《声声慢》的思想内容。

(1)交流讨论后,明确本词的表达思路是层层渲染,以"愁"为诗眼。

明确:"寻寻觅觅",作者希望能寻找到什么来寄托自己的空虚寂寞,但一无所获,还感受到"冷冷清清"的气氛,于是心情变得"凄凄惨惨戚戚",这里渲染出一种由愁惨到凄厉的氛围,定下全词悲愁的基调。心情本来不好,再加上乍暖还寒的天气,使人难以入睡。起来喝两三盏酒来取暖助眠,可是悲苦的心情之下,喝酒也难敌晚上的寒风。突然听到孤雁的一声悲鸣,伤心之余,蓦然觉得那只孤雁正是以前为自己传递情书的那只,可惜与自己传情的丈夫已不在。这时看见那些菊花,才发觉花儿也憔悴不堪,已无人肯摘取。独自对着孤雁残菊,更感凄凉。一个人守在窗前,怎样才能熬到天黑呢?好不容易等到了黄昏,却又下起雨来,点点滴滴,打在梧桐树叶上。寒风冷雨,孤雁残菊梧桐,眼前的一切,使词人的哀怨无以复加，于是词人忍不住直接抒发了"愁情"——这一切哪是用一个"愁"字概括得尽的呢？

（2）概括本词的思想感情。

　　作品通过描写残秋所见、所闻、所感，抒发自己因国破家亡、天涯沦落而产生的孤寂落寞、悲凉愁苦的心绪，感人至深，具有浓厚的时代色彩。

（二）活动2：探究词人是怎样诗意地对待"人生的失意"的

（1）诗人各自纾解失意的行为。例如，苏轼、辛弃疾，面对被贬谪被弃用的遭遇，用登高的方式抒发自己的感情。

（2）赋诗解愁苦。

（三）活动3：写文学短评

1.课下完成以下作业。

（1）从苏轼词、李清照词中各选取一个富有表现力的词，写一段赏析文字。

（2）赏析辛弃疾词使用典故的妙处。

（3）结合两首怀古词，概括怀古诗词的一般特点。

2.课上分组交流文学短评，教师点评优秀作业。

五、交流单元学习任务

（一）活动1：交流"怎样读懂古诗词"

提纲示例：

1.读懂题目里的信息，初步了解诗词的话题和文体（如"吟""行"等）。

2.找出文本中直接表达主观情感的词语,如"忧""愁"等,初步了解作者的情感类型。

3.理清文本的结构层次乃至句间关系,准确理解文本的思想内容。

4.运用知人论世法,通过了解诗人的生平、写作背景等,深入理解作品。

5.增加古诗词的阅读量,积累重点意象。

(二)活动2：交流"探究词人是怎样诗意地对待人生的失意"

提纲示例：

1.从本单元诗词的背景看,概括作者各自的"人生的失意"。

2.结合各诗作,概括诗人各自纾解失意的行为。

3.赋诗解愁苦,诗人在写诗词时让自己沉浸在遣词造句的凝神过程中,淡化自己的痛苦,给自己的痛苦找到一个纾解的出口。

【单元教学反思】

1.学生学习古诗的普遍困难是读不懂文本,不能清楚表述对古诗词的美感体验。为此,本教学设计的第一个任务是培养学生利用各种策略读懂文本的关键能力,能使用简洁的语言概括思想感情,暂不要求深度理解古诗词文本。教师要安排够课时,让学生整体感知,充分完成理清句间关系的任务,才能有质量地完成赏析和文学短评的任务。

2.为打好"读懂文本"的基础,本教学设计先采用单篇学习的方式,后共同完成"诗人是怎样诗意地对抗人生的失意"的单元学习任务，以兼顾单篇的学习重点和单元学习的整体性。

3.写文学短评，仍是学习的难点。建议切口要小，任务要单一，像"赏析辛弃疾词使用典故的妙处"这样较难的任务，只结合一两个典故即可。另外，一定要进行纸笔化训练，不能只停留于口头表达上。

探究中国古诗的音韵之美

——"生命的诗意"教学设计二

【设计说明】

在古代诗歌的教学中,教师们往往更多地关注意境、意象、艺术手法等内容层面,而忽略形式层面的音韵之美(而这正是中国古诗词的核心特质),只把朗读当作初步整体感知文本内容的教学环节,学生仅能获得"音韵和谐悦耳"的模糊感受。本设计旨在弥补这一教学盲点,指导学生建构赏析古诗词音韵之美的实践路径——通过"因声求气法",借助押韵、平仄、节拍等古诗词知识,探究声音美与情感表达的一致性——帮助学生将感性的体验转化为理性的分析,帮助学生拓展鉴赏古诗的视角和思路,从而进一步领略中国古诗的幽微精妙,培养对祖国语言文字的热爱之情。

【单元学习目标】

通过"因声求气法",探究古诗词在对偶、平仄、押韵等语言形式上的美感,掌握古代诗词鉴赏的基本方法,提升审美能力。

【单元学习任务】

班级要开"古诗词学习交流会",交流的话题是:怎样欣赏古诗词?请你结合本单元的学习成果和学习经验,写出发言稿。

【教学时长】

5课时。

【资料准备】

1.因本单元篇目有限,教师另外准备若干课外古诗篇目作为探究的材料。

2.推荐学生课前阅读朱光潜《诗论》的第八、九章。

【教学过程】

一、导入

我们在上一个课题——诗人是如何诗意地对待"人生的失意"的,概括了本单元古诗词的情感主题,实际上是从内容层面完成了单元学习任务"怎样欣赏古诗词"。现在,我们要学习的课题是从形式层面探究"怎样欣赏古诗词"。古诗的字数从四言发展到五言、七言,还越来越讲究押韵、平仄等形式,这些变化产生的原因是什么呢?

二、活动1:探究节拍之美

1.请将杜牧的《清明》按照意义的停顿标出节拍,再分别改写成四言诗和五言诗,对比诵读后体验节拍变化时对情感表达的影响。

（1）

清　明（原诗）

清明时节雨纷纷，　　二二一二
路上行人欲断魂。　　二二一二
借问酒家何处有？　　二二二二
牧童遥指杏花村。　　二二二一

清　明（四言诗）

清明时节，阴雨纷纷。　二二　二二
路上行人，皆欲断魂。　二二　二二
借问酒家，何处才有？　二二　二二
牧童遥指，杏花村处。　二二　二二

清　明（五言诗）

清明时节雨，　　二二一
行人欲断魂。　　二一二
酒家何处有？　　二二一
童指杏花村。　　二二一

（2）对比诵读后发现，字数由四言依次增至五言、七言时，节拍也由"二二"变为"二二一"和"二一二"、"二二一二"和"二二二一"。四言诗的"二二"节拍，在朗读时没有起伏变化，情感也没有起伏；五言诗的节拍增加且有变化时，朗读的声音有了起伏变化，情感也多了婉转意味；七言诗又比五言诗在声音上多了婉转低回的效果，故在表达"欲断魂"的情感上效果更胜一筹。

可见，字数增加，节拍就增加，声音的抑扬顿挫效果和情感的婉转细腻程度也增强了。古诗字数的变化直接影响着诗句的情感风格，字数增加的背后是人们表达复杂细腻情感的内在需要。

2.理解字数、节拍与情感特点的关系后，再来诵读比较《短歌行》、《归园田居（其一）》、《登高》三首诗的节拍与情感特点的关系。

短歌行（略）

归园田居（其一）

诗句	节拍	
少无适俗韵，性本爱丘山。	二一二	二一二
误落尘网中，一去三十年。	二二一	二二一
羁鸟恋旧林，池鱼思故渊。	二一二	二一二
开荒南野际，守拙归园田。	二一二	二一二
方宅十余亩，草屋八九间。	二二一	二二一
榆柳荫后檐，桃李罗堂前。	二一二	二一二
暧暧远人村，依依墟里烟。	二二一	二二一
狗吠深巷中，鸡鸣桑树颠。	二二一	二二一
户庭无尘杂，虚室有余闲。	二一二	二一二
久在樊笼里，复得返自然。	二二一	二一二

登 高

风急天高猿啸哀，	二二一二
渚清沙白鸟飞回。	二二一二
无边落木萧萧下，	二二二一
不尽长江滚滚来。	二二二一
万里悲秋常作客，	二二一二
百年多病独登台。	二二一二
艰难苦恨繁霜鬓，	二二二一
潦倒新停浊酒杯。	二二二一

作者在《短歌行》中表达了对人生苦短、人才难得的愁绪和渴望一统天下的豪情。由于全诗都是"二二"节拍，没有变化，诵读时声音严肃庄重，使得本诗即使表达愁绪和豪情，感情基调也一直保持着不变的克制、深沉、昂扬。

与《短歌行》这种节拍和情感基调基本没有太大变化不同，《归园田居（其一）》是五言诗，每行诗句节拍在"二一二"和"二二一"之间转换，尤其"方宅十余亩—鸡鸣桑树颠"节拍转换得明显有规律。这样的节拍变化，诵读时声音会有起伏变化，和本诗作者情感由"厌"到"喜"的起伏谐调一致。

《登高》这首七言诗的节拍为"二二一二"和"二二二一"，每联之间节拍的转换也很有规律。与《归园田居（其一）》相比，节拍增加了，声音的抑扬顿挫和连绵感更明显，这种声音效果与作者"愁肠百结"的情感特点谐调一致，且从起承转合的结构看，"转"联的节拍与前后两联的节拍不同，可见本诗节拍变化和起承转合的章法保持一致，也与诗意的转换一致。

三、活动2：探究押韵之美

1.在不改变原意的前提下，将陶渊明《归园田居（其一）》的一些尾字改成非押韵字，再与课文原诗对比诵读，说说读后的感受。

归园田居（其一）

少无适俗韵，性本爱丘山。
误落尘网中，一去三十载。
羁鸟恋旧林，池鱼思故塘。
开荒南野际，守拙归园田。
方宅十余亩，草屋八九室。
榆柳荫后檐，桃李罗堂下。
暧暧远人村，依依墟里烟。
狗吠深巷中，鸡鸣桑树梢。
户庭无尘杂，虚室有余暇。
久在樊笼里，复得返自然。

把全诗改成不押韵时，读起来感觉从声音到情感都是凌乱无序的，没有押韵时的整齐悦耳、情感紧凑。对此诵读可知，押韵的妙处是使诗歌的声音整齐悦耳，把表达的情感控制得更集中紧凑。

2.朗读白居易《琵琶行（并序）》第三段（节选），体会押韵字的发音特点对表现琵琶女的心情有何作用。

> 自言本是京城女，家在虾蟆陵下住。
> 十三学得琵琶成，名属教坊第一部。
> 曲罢曾教善才服，妆成每被秋娘妒。
> 五陵年少争缠头，一曲红绡不知数。
> 钿头银篦击节碎，血色罗裙翻酒污。
> 今年欢笑复明年，秋月春风等闲度。
> 弟走从军阿姨死，暮去朝来颜色故。
> 门前冷落鞍马稀，老大嫁作商人妇。
> 商人重利轻别离，前月浮梁买茶去。

这些诗句都押u韵，发音特点是笼住口腔，所以，u韵在声音上也有助于表现琵琶女自述身世时的悲苦心情。

3.朗读李白《梦游天姥吟留别》，画出诗中押韵的字，再分别概括每一韵的诗句内容，诵读后交流押韵的特点。

> 天姥连天向天横，势拔五岳掩赤城。
> 天台四万八千丈，对此欲倒东南倾。
> 我欲因之梦吴越，一夜飞度镜湖月。
> 湖月照我影，送我至剡溪。
> 谢公宿处今尚在，渌水荡漾清猿啼。
> 脚著谢公屐，身登青云梯。
> 半壁见海日，空中闻天鸡。
> 千岩万转路不定，迷花倚石忽已暝。

（1）每一韵的诗句内容都与其他韵的诗句内容不同，可见换韵暗示着诗意的变化。

（2）"湖月照我影……渌水荡漾清猿啼"是隔句押韵，描述到达天姥山下的过程；"脚著谢公屐……空中闻天鸡"是句句押韵，描述攀登天姥山的过程。诵读感受是：句句连押韵，表达的情感更急切；隔句押韵，表达的情感相对和缓。

4.活动成果小结。

押韵的妙处是：押韵使零散的音节形成一个整体，使抒发的情感更集中；押韵的声音特点与人的情感是谐调一致的；换韵暗示着诗意的变化；押韵密集，适于表达急切的情感。

四、活动3：探究平仄之美

1.教师示范。

通过探究节拍和押韵之美，我们认识到，古诗讲究声音形式的美感是为了配合表达情感的需要。因为古人认识到"汉字是音义结合体"的特点，有些字的读音与字义有关联。比如："委婉"与"直率"，"柔弱"与"刚强"，"和蔼"与"暴躁"，"舒缓"与"迅速"，这四组反义词的意义和读音效果一致。

下面，请诵读韩愈《听颖师弹琴》前四句，体味平仄与情感的关系。

昵昵儿女语，恩怨相尔汝。
划然变轩昂，勇士赴敌场。

前两句尾字"语""汝"押u韵，仄声，发音是收缩口型，拢住声音。后两句尾字"昂""场"押ang韵，平声，发音是扩张口型，声音扩散延长。后两句声音的效果正与"勇士赴敌场"时毅然决然的英勇豪情相配。

平仄还可与一些字的发音特点相结合使用。前两句中"昵昵""儿""女""语""尔""汝""恩怨"这些字音都很圆滑轻柔，没有一个硬音、摩擦音或爆发音；前两句除"相"字以外，没有一个字的发音口型扩张，所以，能传达出儿女私语时柔情蜜意的情致。后两句中，第一个"划"字音，先是口腔笼住气息，然后突然释放出来，声音突然、有力；"勇"字的撮口音将口腔中的气流快速释放，恰能配合情感由温柔转为猛烈的突变。

2.学生练习。

请诵读《琵琶行（并序）》中的以下四句，体会用字的声音效果。

> 大弦嘈嘈如急雨，小弦切切如私语。
> 嘈嘈切切错杂弹，大珠小珠落玉盘。

先看平仄。前两句尾字"雨""语"押的u韵，是仄音，后两句尾字"弹""盘"押的an韵，是平音，仄仄平平，读起来暗合音乐的抑扬顿挫。第三句，"嘈嘈切切"是平平仄仄，正好呼应大弦小弦不同的音质和音效；"弹"平声，如换成仄声"奏"，意义虽相似，但声音听起来很别扭，没有美感。

再看一些字的发音特点。例如，第二句中的"切切"，在舌尖发音，声音拢在口腔内不发散出去，和"如私语"的私密性一致；若换成平声的"铮铮"和仄音的"恰恰"都不合适，因为过于响亮有力，不符合"如私语"的情境。再如，后面的"东船西舫悄无言，唯见江心秋月白"中的"言""白"，均为平声且口型扩张，声音拉长，与语境中回味无穷的意蕴一致。

3.活动成果小结。

在中国古诗中，声音的平仄和发音效果，与表达的情感和谐一致。好的古诗文，平仄声一定都在最适宜的位置；好的古诗文，押韵、节拍、平仄都能和表达的情感谐调一致。

五、活动4：课后作业

选取课文内外古诗中的诗句，从"声音形式与情感的谐调性"的角度，写一段文学短评。

【单元教学反思】

1.本教学设计选取本单元的例句，减轻了理解文本的压力，能保证学生的学习效果。学生初次从声音美感的角度来探究古诗词，会感到新鲜和惊喜，自然减少了对古诗文学习的畏难情绪。

2.本设计针对多数普通学生，对于那些有一定古诗文基础的学生，教师可以要求他们提前阅读朱光潜《诗论》第八、九两章的内容，然后自行从课文中选择例句，按押韵、平仄、节拍去赏析。

3.学生写"怎样赏析古诗词"的发言稿时，建议将"怎样读懂古诗词"作为发言稿的第一部分,本教学设计的内容作为第二部分。学生大多能找出合适的例句,但在赏析语言方面尚不够细致、准确,以后需加强训练。

认识学习之道

——"学习之道"教学设计

【教学依据】

统编版高中语文必修上册第六单元的人文主题是"学习之道",任务群属于"思辨性阅读与表达"(一)。《普通高中语文课程标准》(2017年版2020年修订)对本任务群的"学习目标与内容"有如下表述:

> (1)阅读古今中外论说名篇,把握作者的观点、态度和语言特点,理解作者阐述观点的方法和逻辑。……在阅读各类文本时,分析质疑,多元解读,培养思辨能力。
>
> (2)学习表达和阐发自己的观点,力求立论正确,语言准确,论据恰当,讲究逻辑。学习多角度思考问题。学习反驳,能够做到有理有据,以理服人。
>
> (3)围绕感兴趣的话题开展讨论和辩论,能理性、有条理地表达自己的观点,平等商讨,有针对性、有风度、有礼貌地进行辩驳。[1]

---

[1] 中华人民共和国教育部:《普通高中语文课程标准》(2017年版2020年修订),人民教育出版社2020年第2版,第19页。

【设计说明】

本单元共六篇课文,其中前四篇是经典篇目,从古至今,针对特定对象或现实问题,围绕"学习之道"探讨了学习话题、教师、文风、对待外来文化的态度等话题。"学习之道"的话题是学生最熟悉但仍停留在感性认识阶段的话题,用以培养高一学生的理性(批判性)思维是非常合宜的。前四篇经典篇目呈现了说理的各种方法,且对学生来说有一定的阅读难度,尤其两篇文言文,故作为精读篇目。后两篇是当代学者的经验阐述,作者现身说法,从不同角度丰富了"学习之道"的话题,可作为泛读篇目。教材的"单元学习任务"也给出人文主题和任务群的学习目标,教师可以直接借鉴。

【单元学习目标】

1.借助注释和工具书,提高独立读懂文言文的能力,积累文言文的实词、虚词、词类活用等文言知识。

2.围绕"学习之道"的核心话题,梳理总结论证方法,学习有针对性地表达观点。

3.形成正确的学习观,改进学习方法,培养终身学习的理念。

【单元学习任务】

1.根据本单元六篇课文的内容,写一篇关于"学习之道"的交流发言稿。

2.学完本单元的议论文篇目后,写一篇"跟着课文学写议论文"的总结提纲。

【教学时长】

10课时。

一、《劝学》

【学习目标】

1.借助注释和工具书,读懂文言文,积累文言文的实词、虚词、词类活用等文言知识。

2.学习本文比喻论证的方法和巧妙的文章结构。

3.了解正确的学习观和学习方法,树立终身学习的理念。

【教学时长】

2课时。

【教学过程】

(一)导语

《孟子·告子上》说:"人性之善也,犹水之就下也。人无有不善,水无有不下。"荀子却否定孟子的"性善论",他认为:"人之性恶,其善者伪也。""伪"的意思是人为,这句话的意思是人的本性是邪恶的,他们那些善良的行为是人为的。荀子认为,人的本性需要用后天的礼义、法度来矫正,所以他非常重视学习的作用。"劝学"的"劝",意思是鼓励,"劝学"就是鼓励人们学习。学习时注意思考,这篇写于两千多年前的文章给了现在的我们哪些启发。

(二)了解作者

荀子(约前313—前238),名况,字卿,战国末期赵国人。著名思想家、文学家、政治家,儒家代表人物之一,时人尊称"荀卿"。曾三次担任齐国稷下学宫的祭酒,后为楚兰陵（今山东省兰陵县）令。后因避西汉宣帝刘询讳,因"荀"与"孙"二字古音相通,故又称孙卿。荀子对儒家思想的发展有一定的贡献。

（三）活动1：整体感知文意

1.阅读前,学生猜测课文内容,可能包含"为什么劝？怎么劝？为什么学？学什么？怎么学？"等内容。

2.朗读课文,结合注释,概括课文段意。

第一段,学习不可以停止。

第二段,学习让人"知明而行无过"。

第三段,学习让君子"善假于物"。

第四段,学习要积累,要坚持不懈,要专一。

验证了上述猜测,课文确实有"为什么学"和"怎么学"的内容。

（四）活动2：梳理课文的论证思路

1.为什么学？

（1）教师点拨思考路径：用课文内容回答"为什么学"和"怎么学"。

学生很容易从第二段找出要点,即"君子博学而日参省乎己,则知明而行无过矣"。

（2）教师进一步点拨。

第一段中"学不可以已",是否属于"为什么要学"的理由？

第三段,首句的意思是"终日而思不如须臾所学",是否属于"为什么要学"的理由？"登高而招""顺风而呼""假舆马""假舟楫"四个比喻，都是证明末句"善假于物"的必要性，进而推断出"学"是"君子"的"善假之物"。"善假于物"能否回答"为什么要学"？

小结：为什么要学？因为①学习不可以停止；②学习可以让人"知明而行无过"；③终日而思不如须臾所学；④学习可以助人"善假于物"。

2.怎样学？

明确：①学不可以已；②博学而日参省乎己；③善假于物；④不断积累；⑤锲而不舍；⑥用心专一。

说明：在翻译环节，学生就已经划分出第四段的层次，所以不难答出要点④⑤⑥。教师继续点拨：已找出的答案要点均在第四段，看看前三段有没有语句能回答"怎样学"的问题。学生恍然发现，前三点都能回答"怎样学"。

小结：本文结构严谨，一是采用了规范的议论文结构，提出观点（第一段），分析论证（第二、三段），解决问题（第四段）；二是前三个要点既阐释了"为什么学"，又阐释了"怎样学"，结构非常巧妙。

3.怎么劝？

说明：有的学生不能发现课文其实有"怎么劝"的内容，需要教师引导。

教师提问：作者是怎样把道理讲解得如此通俗易懂的？现将比喻的喻体和本体罗列如下，同学们对比分析。

(1) 青胜蓝
　　冰寒水
　　木为轮
　　金就砺
}（比喻）君子博学而日参省乎己，则知明而行无过矣

(2) 登高而招
　　顺风而呼
　　假舆马
　　假舟楫
}（比喻）君子生非异也，善假于物也

(3) 积土成山，积水成渊
　　不积跬步，不积小流
}（比喻）积累

(4) 骐骥，驽马
　　朽木，金石
}（比喻，对比）锲而不舍

(5) 蚓，蟹————（比喻，对比）专一

小结：作者没有抽象地说教，而是多用比喻来"劝"。以日常生活中常见的事物或现象作为喻体，通俗易懂，使人易于接受，体现对说教对象的真诚。取喻于日常生活现象说理，是中国古代讲道理的常见特点。这一点以后在学习《谏太宗十思疏》里也有所体现，学习时注意体会。

（五）活动3：总结本课给我们提供了哪些关于"学习之道"的认识。

要点示例：

1."学不可以已"，与当下"终身学习"的观念一致。

2."博学而日参省乎己，则知明而行无过"，与当下"学、思、知、行合一"的理念一致。

第二章　实践篇 | 113

3."善假于物",利用前人的经验和客观有利条件来提升自己,一直延续至今,大家仍然在利用这个学习方法来进步。

4.学习的方法上,要注重积累,坚持不懈,心思专一。

(六)活动4:课后作业

1.完成课后积累。

(1)积累实词:已、中、就、知、疾、假、致、绝。

(2)积累虚词:而、于、者、无以、焉。

(3)积累成语:青出于蓝而胜于蓝;锲而不舍。

(4)掌握定语后置:蚓无爪牙之利,筋骨之强。

(5)积累词类活用:

①君子博学而日参省乎己。　　日,名词活用作状语,每天。

②上食埃土,下饮黄泉。　　上、下,名词活用作状语,向上、向下。

③假舟楫者,非能水也。　　水,名词活用作动词,游泳。

(6)积累通假字:

①则知明而行无过矣。　　知,通"智"。

②君子生非异也。　　生,通"性"。

2.课后泛读《荀子·性恶》。

二、《师说》

【学习目标】

1.借助注释和工具书,读懂文言文,积累文言文的实词、虚词、词类活用等文言知识。

2.学习本文说理的思路和对比论证的方法。

3.学习韩愈善于发现时弊的敏锐眼光,学习知识分子敢于抨击时弊的勇气与责任感。

【教学时长】

2课时。

【教学过程】

(一)导语

说,是陈述和解说的意思,是一种议论性文体。以前学过的《捕蛇者说》《马说》《爱莲说》,都属"说"一类文章,都可以理解为"解说……的道理"。由此推断《师说》的内容,是"说一说关于教师的道理"。思考一下,韩愈的《师说》会说一些关于教师的什么道理呢?韩愈为什么要写作《师说》呢?

(二)活动1:熟读课文后,结合注释,理解并概括文意

1.理清文章层次。

第一段:提出观点
- ①古代的学者一定有教师。
- ②师的标准是有道即可,与贵贱、年龄无关。

第二段:批判现实
- 与"古之圣人从师"对比,"今之众人耻师"的后果是"益愚"。
- 与"为子择师"对比,"自身耻师"的后果是"小学而大遗"。
- 与"百工相师"对比,"士大夫耻师"的后果是"智反不及"。

第三段：重申自己的观点，呼应第一段的观点。

第四段：交代写作目的，是鼓励从师的后生。

2.概括韩愈在《师说》中提出的关于教师的道理。

示例：

（1）学者一定有教师，不从师学习就会变得愚蠢。

（2）真正的教师是传道授业解惑的人，不是教童子习其句读的人。

（3）有道即可认他做教师，不必在乎他的贵贱、年龄。

（4）人生有很多教师，教师也不一定永远高于弟子。

3.概括你从本文中悟出的"学习之道"。

示例：

（1）学习要"善假于物"，一定要跟着教师学习。

（2）认识到学习的目的是让人得道、受业、解惑，不能止步于会识字能读书的层次。

（三）活动2：诵读课文，探究作者为何在文中表现出浓烈的情感和磅礴的气势

与《劝学》作者的温和冷静相比，《师说》则表现出作者的情感明显浓烈甚至激越。人们常用"韩潮苏海"形容唐朝韩愈和宋朝苏轼的文章气势磅礴，如海如潮。

1.作者如何在文中表现出浓烈的情感和磅礴的气势？

（1）使用肯定句式，加强了毋庸置疑的语气，表现出对自己观点的自信与笃定。例如，"古之学者必有师""是故圣益圣，愚益愚"等句。其中，虚词"必""益"加强了不可辩驳的气势。

（2）使用反问句式，以反问语气来增加自己的说理气势和说理力度。例如，第一段"孰能无惑？"的反问语气，比"人人有惑"更能提振气势。"夫庸知其年之先后生于吾乎？"的反问语气，一是将自己不按年龄"择师"的观点表达得理直气壮，二是表现了对按年龄"择师"的不屑。

（3）使用对偶句式，形式整齐，内容全面，气势充沛。例如，"生乎吾前……""生乎吾后……"；"是故无贵无贱，无长无少，道之所存，师之所存也"；"彼与彼年相若也，道相似也，位卑则足羞，官盛则近谀"。

（4）使用语气词，表达自己强烈的情感。例如，第二段"嗟乎！……而耻学于师"，"呜呼！师道之不复，可知矣"，两个语气词"嗟乎""呜呼"，多处使用语气词"矣"，共同表现出作者对"师道之不传"现状的愤怒、失望、悲叹等心情，甚至伴以捶胸顿足的情态。

（5）语气和情感层层加重，如同一波波汹涌而来的海浪。例如，第二段的三组对比，在"圣人之所以为圣，愚人之所以为愚，其皆出于此乎"时，是推测的疑问语气；在"小学而大遗，吾未见其明也"时，是肯定的判断语气；在"巫医乐师百工之人，君子不齿，今其智乃反不能及，其可怪也欤"时，是讽刺的感叹语气。语气一句比一句加重，情感也越来越强烈，使议论更生动，说理更有力量。

2.通过认识韩愈其人，进而深度理解韩愈的文风。

师："言为心声"，指语言是人们思想感情的反映。《师说》的浓烈情感和磅礴气势应该不只是高超的语言技巧，其背后还有什么呢？请结合韩愈的生平和《师说》的写作背景略作探究。

(1) 学生查阅韩愈的生平资料。

①韩愈三岁而孤,靠兄嫂抚育成人,他第四次参加科举,考中了进士。前三次韩愈落榜并不是因为他的才能不够高,不是他写的文章不够好,而是韩愈推崇的是先秦两汉的散文风格,不是当时流行的声律对仗的骈文。

②贞元十九年(803),韩愈调任御史台做监察御史。这一年,长安周围的好几个县发生了旱灾。当时负责京城行政的长官京兆尹李实,却封锁消息,征税如初,而且不遗余力地镇压平民百姓。韩愈毅然递交了《御史台上论天旱人饥状》的奏状,说明事实真相,请求朝廷减免赋税,使百姓能勉强保住性命。韩愈反遭李实等人谗害,被唐德宗贬至荒蛮的南方去做阳山县(今属广东省)县令。

③唐宪宗元和元年(806)六月,韩愈奉诏回到长安,获授国子博士。这期间他和柳宗元一起大力提倡古文运动,主张文章应该像先秦散文一样言之有物,阐发孔孟之道,反对六朝以来只讲究对偶形式而内容贫乏的骈文,取得相当大的影响力,奠定了唐宋散文的基础。元和十四年(819)正月,唐宪宗迎佛骨,信佛狂潮席卷京城。已经提升为刑部侍郎的韩愈看到其中的危害,以文人的勇气和胆魄写了《论佛骨表》,反对宪宗的做法,结果被贬为潮州刺史。后来回朝,历任国子祭酒、兵部侍郎、吏部侍郎、京兆尹等职,政治上较有作为。

小结:①韩愈为官,有突出的才干,有为官的良知和责任感,所以多次不惧个人安危,即使被贬谪也要发出正义的声音。②韩愈为文,有突出的文采,有文人的敏锐和责任感,所以能够推动古文运动,最终扭转了六朝以来不良的文风。

(2)学生查阅《师说》的写作背景。

唐代仍在沿袭魏晋以来的门阀制度,贵族子弟都入弘文馆、崇文馆和国子学。他们无论学业如何,都有官可做,所以他们并不重视从师学习。当时的科举只是为寒门子弟留出的一条狭窄的上升门路,因为一次只录取几十个进士。《师说》的社会背景,可以从柳宗元《答韦中立论师道书》中的一段话得到验证:

> 由魏、晋氏以下,人益不事师。今之世,不闻有师,有辄哗笑之,以为狂人。独韩愈奋不顾流俗,犯笑侮,收召后学,作《师说》,因抗颜而为师。世果群怪聚骂,指目牵引,而增与为言辞。愈以是得狂名。

由此可见,韩愈作《师说》公开宣扬自己的观点,与当时的社会风气对抗,是很有勇气的事。那么,韩愈为什么要提倡师道呢?由《师说》"彼童子之师,授之书而习其句读者,非吾所谓传其道解其惑者也"来看,韩愈对教师的认知高于时代("授之书而习其句读"),他敏锐地认识到"师道不复"会产生文化危机(发起"古文运动"的原因也在于此)。

小结:从《师说》的写作背景看,韩愈在文化上有远见,已认识到不良文风和轻视教师的"反智"行为的危害,甚至由此产生文化危机;在行动上有坚定的执行力,即使被士大夫笑骂也在所不惜。

总结:《师说》的磅礴气势,愤怒、讽刺等强烈的情感背后,是韩愈对"师道不复"的时代危机感、焦灼感和知识分子传递文化的责任感、使命感。

(四)活动3:课后作业

1.积累实词、虚词。

(1)积累实词:孰、师(词类活用)。

(2)积累虚词:固、而、于、其、是故。

2.泛读韩愈的《进学解》和柳宗元的《答韦中立论师道书》。

三、《拿来主义》

【学习目标】

1.通过梳理文意,学习本文破立结合、因果、对比、比喻等论证方法。

2.赏析本文幽默讽刺的语言特色。

3.学会运用"拿来主义"的观点认识问题,促进自我成长。

【教学时长】

2课时。

【学习任务】

2021年12月20日,网传某地某单位禁止中小学、幼儿园过"洋节",禁止在学校内组织"平安夜""圣诞节"活动。意在希望学校和家庭弘扬传统文化,让传统文化能在中小学生心中留下更深的印记。消息一出,立即引发网友关注,大部分人支持喝彩,也有少许质疑的声音。学习鲁迅先生的《拿来主义》后,谈谈你的看法。

【教学过程】

(一)导语

关于怎样对待外国文化的问题,并不是一个新鲜的话题。1934年前后,当时在对待古代文化和外国文化上,人们存在着两种错误的态度:一种是全盘肯定,全盘吸收;一种是全盘否定,盲目排斥。鲁迅针对这两种错误态度,写了两篇文章,一篇是《论"旧形式的采用"》,阐明正确对待古代民族文化遗产的态度;一篇是《拿来主义》,着重阐明对待外国文化的态度。

(二)活动1:细读全文后,画出关于文章思路的思维导图

示例:

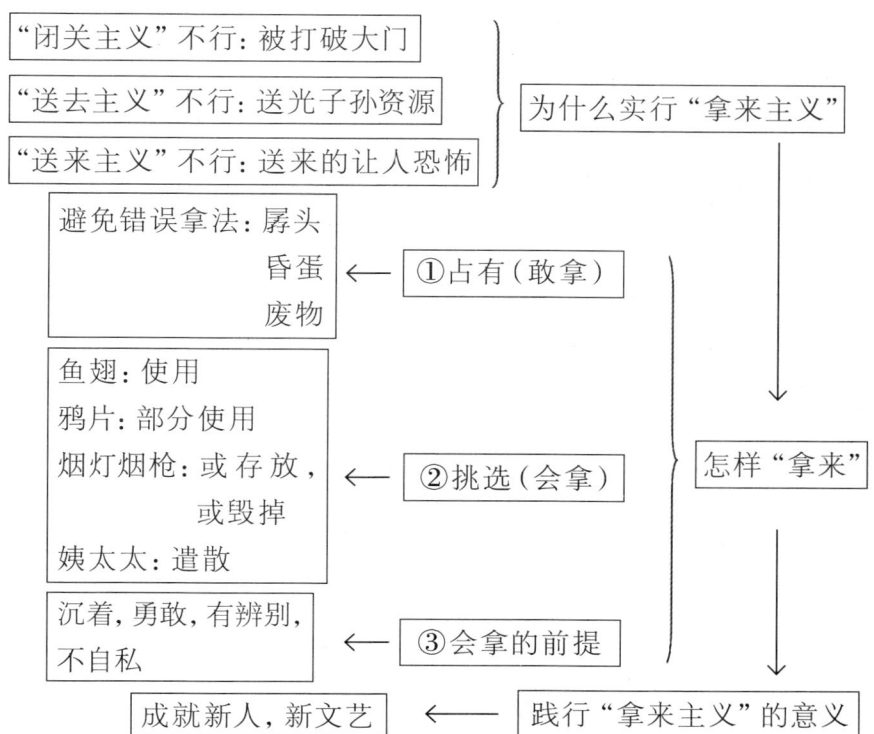

（三）活动2：概括你从本文读出的"学习之道"

示例：有辨别力，善于"拿来"正确的东西。

（四）活动3：根据思维导图，分析鲁迅先生如何将宏大的话题阐释得明白透彻

1.运用了先破后立和因果论证的方法。

由前文的思维导图可以看出，本文不是先提出观点，而是先逐一否定"闭关主义""送去主义""送来主义"，然后才提出"拿来主义"的观点。这种先破后立、破立结合的论证方法，将各种可能性一一驳倒，从而使自己的观点无懈可击，令人信服。

因为"闭关主义""送去主义""送来主义"都各有其害，所以选择"拿来主义"。这也属于因果论证法，这种论证方法的好处是逻辑清楚。

2.运用了比喻论证法。

（1）回顾《劝学》中使用比喻论证的好处——把抽象的道理阐释得通俗易懂。

（2）根据第八、九段的文意，试着将两段中的喻体替换成本体，对比发现使用比喻论证的作用。

> 大宅子：比喻外国文化。
>
> 孱头：比喻害怕外国文化而不敢占有的做法。
>
> 昏蛋：比喻完全拒绝外国文化，选择全部毁掉的做法。
>
> 废物：比喻对外国文化采取全盘接受的做法。
>
> 鱼翅：比喻外国文化的精华。
>
> 鸦片：比喻外国文化中利弊兼有的部分，需要合理使用。

烟灯烟枪：比喻外国文化中过时腐朽的部分，只能留作标本。

姨太太：比喻外国文化中腐朽有害的部分，应该全部摒弃。

明确：鲁迅先生使用比喻论证法，将复杂抽象且宏大的话题阐释得明白又透彻，读来生动有趣。

（五）活动4：结合鲁迅先生"拿来主义"的观点，谈谈你对前文谈到的某地某单位禁止过洋节的看法

提示：赞同。在中小学生缺乏足够辨别力时，明令禁止不失为一个有效的方法。

（结合课文）鲁迅先生提到"运用脑髓，放出眼光，自己来拿""没有拿来的，人不能自成为新人"，启示我们要善于运用"拿来主义"，帮助我们不断成长；能够践行"拿来主义"，"首先要这人沉着，勇猛，有辨别，不自私"。

（认识"洋节"）我们"运用脑髓"想想，显然"圣诞节"等洋节属于人家"送来"的，"送来"的目的是什么？中小学生过"圣诞节"又会有什么不良影响？应怎样引导中小学生正确"过节"呢？

四、《反对党八股》

【学习目标】

1.通过梳理文意，学习本文的说理思路和破立结合的论证方法。

2.赏析本文幽默讽刺的语言特色。

【教学时长】

2课时。

【学习任务】

借鉴本文的说理思路,以"反对中小学生过洋节"为题写一篇议论文。

【教学过程】

(一)解题

1.教师解题(略)。

2.学生根据题目推测课文内容。

例如:介绍什么是党八股?党八股有何危害?正确的做法是什么?……

(二)活动1:快速浏览课文,理清文章结构

明确:

第一段:提出观点,党八股有八大"罪状"。

第二至八段:逐条分析八大"罪状"。

第九至十段:再次强调反对党八股、树立马列主义文风的重要意义。

(三)活动2:从前五条"罪状"中任选两条,梳理其说理思路

1.师生共同梳理第一条"罪状""空话连篇,言之无物"的说理思路。

摆现象:有些同志写长而空的文章。

挖根源:决心不要群众看。

论危害:群众不看;散布坏影响,造成坏习惯。

提方法：战争时期的文章要写得短而精粹。

析道理：长而空的文章没人看。

　　　　短而空的文章也不好。

　　　　长而实的文章也需要。

再强调：反对空话连篇、言之无物的文章。

2.师生共同梳理第三条"罪状""无的放矢，不看对象"。

摆现象：把"工人"二字写成生僻字。

挖根源：大概发誓不要老百姓看。

提方法：做宣传就要看对象。

析道理：主观臆断别人能看懂听懂。

再强调：写文章做演讲要看对象。

小结："反对党八股"的两条"罪状"，说理思路是摆现象、挖根源、论危害、提方法、析道理。

（四）活动3：结合第一条、第三条"罪状"的内容，解说一下破立结合的论证方法

示例：第一条"罪状"中，作者批评"长而空"的文章让群众看不下去，是"破"。然后结合斯大林的例子提出自己的正确观点——"现在是在战争的时期，我们应该研究一下文章怎样写得短些，写得精粹些"，是"立"。接着，写战争时期，文章、报告"长而空"没人敢看，短而空也不好，是"破"。顺势提出方法——"我们应当禁绝一切空话"，是"立"。反驳有人说《资本论》很长，是"破"。后面从"我们无论做什么事都要看情形办理，文章和演说也是这样"一直到段末，都在强调提出的方法,是"立"。

总结:"立"是证明自己的观点、主张正确,"破"是对片面的、错误的观点进行批驳。"破""立"结合是在反驳错误观点的同时,确立自己的正确观点,也是边"破"边"立"。"破""立"结合,有时先"破"后"立"。

(五)活动4:课后完成下面的作业,课上进行交流并修改

运用"摆现象、挖根源、论危害、提方法、析道理"的说理思路,以"反对中小学生过洋节"为题写一篇议论文。

【单元教学反思】

1.《读书:目的和前提》和《上图书馆》,教师可以安排学生用一节课的时间细读,要求学生摘抄文中触动自己的语句。《反对党八股》可采用"长文短教"的教学策略,只选取一两个典型段落,梳理说理思路。重点放在"学以致用"上,完成情境任务——借用典型文段的说理思路,以"反对中小学生过洋节"为题写一篇议论文。

2.本单元的两篇文言文学习要重视"因声求气法",通过多诵读来理解文意,培养文言语感。

3.有些学习任务需要教师多做讲解。如前文《师说》的活动2,主要依靠教师的讲解,学生有可能对这部分内容很感兴趣,也会很有触动。再如《拿来主义》,教师需要多举例解说,帮助学生理解。

4.对于"单元学习任务",建议给出学生专门的课时,保证学生充分思考,切不可因课时紧张而省略。

探究"文赋"的文体之美

——《赤壁赋》教学设计

【设计说明】

以往的《赤壁赋》教学,教师多将学习目标侧重在理解文本的思想内容上,即理解苏轼虽仕途坎坷但仍保持豁达乐观的思想境界,往往忽略文体特有的美感。本设计将改变对本文"重文化价值、轻语言价值"的教学观念,将两种价值融合在"探究'文赋'的文体之美"的学习任务中,引导学生认识到古代文体的表达智慧,更好地培养学生对汉语的热爱之情。

【学习目标】

1.学生借助注释和工具书,自主疏通字词句,提高翻译文言文的能力。

2.通过诵读品味课文,探究本篇"文赋"的语言之美、思想之美。

【教学时长】

3课时。

【教学过程】

一、导入课文，介绍本节学习任务

《赤壁赋》的作者苏轼，从幼年起就受到良好的文学熏陶，二十多岁时就中了进士，一时名誉京师，由此开始了颠沛坎坷的仕途生涯。宋神宗初年王安石推行新法时，苏轼倾向以司马光为首的旧党，反对新法，从而卷入了上层政治斗争的旋涡。宋神宗元丰二年（1079），苏轼因"乌台诗案"被捕入狱，后经苏辙等人营救才免罪释放，被贬为黄州团练副使。从"乌台诗案"到贬谪黄州，是苏轼人生的重要转折，政治上失意彷徨，精神上孤独苦闷。但是，生性旷达的他在老庄佛禅和山水之乐中求得解脱，自号"东坡居士"。元丰五年（1082）秋冬，苏轼先后两次游览黄州附近的赤壁，写下了千古传唱的《念奴娇·赤壁怀古》、《前赤壁赋》和《后赤壁赋》这样充满哲学意味、凝聚人生思考的名篇佳作。

课文里的《赤壁赋》就是《前赤壁赋》，细读后探究苏轼如何从山水之乐中得到思想上的解脱。

二、活动1：反复朗读并翻译课文

1.识记以下读音。

壬戌（rénxū）　　属（zhǔ）客　　　窈窕（yǎotiǎo）

冯（píng）虚御风　桂棹（zhào）　　倚歌而和（hè）

余音袅袅（niǎo）　幽壑（hè）　　　嫠（lí）妇

愀（qiǎo）然　　　山川相缪（liáo）舳舻（zhúlú）

旌（jīng）旗　　　酾（shī）酒　　　横槊（shuò）

匏(páo)樽　　　蜉(fú)蝣　　　无尽藏(zàng)
枕藉(jiè)

2.学生反复朗读课文,翻译并概括出每段大意。

第一段,写苏子与客月夜泛舟乐游赤壁的闲适愉悦之情。

第二段,写苏子饮酒放歌之乐和客人吹箫之悲。

第三段,写客因感慨人生短促无常而悲观的原因。

第四段,写苏子以"水"与"月"为喻,阐释变与不变的哲理。

第五段,写客转悲为喜,主客开怀畅饮,兴尽入睡。

三、活动2:探究《赤壁赋》的文体之美

1.教师提问。

在学习前面的课题"探究中国古诗的音韵之美"时,我们认识到经典的古诗作品,不仅美在内容,还美在声音等语言形式。经典的文言文作品也是不仅美在内容,还美在文体。下面,我们共同赏读《赤壁赋》,进而探究其文体之美,欣赏作者使用古汉语的表达智慧。

2.学生查阅"文赋"相关知识。

《赤壁赋》的文体属于"赋"。我们对"赋"这种文体并不陌生,《诗经》里运用最多的写法就是"赋",其特点是铺排。"赋"发展到汉代时成为一种文体,后世称为"汉大赋"。发展到魏晋南北朝时发展为"骈赋",讲究句式对仗。唐代时,科举要求作"律赋",在句式对仗的基础上加入用韵、平仄等声音的要求。形式上要求太多,就会限制内容的表达,所以发展到宋代时,打破声律限制,加入散文特点,成为诗与散

文的合体,称为"文赋"。《赤壁赋》就属于"文赋",既有诗歌的句式对仗,讲究押韵和平仄的特点,也有散文形式自由的特点。中国古代的赋体,常用主客之间相互问答、最终"抑客而扬主"的表现手法,《赤壁赋》也继承了这一手法。

3.教师以第一段做示范。

从文赋的这两个特点入手,探究《赤壁赋》的语言之美。请学生随时把赏读中遇到的关键词写在学案的相应位置。

壬戌之秋,七月既望,苏子与客泛舟游于赤壁之下。清风徐来,水波不兴。举酒属客,诵明月之诗,歌窈窕之章。少焉,月出于东山之上,徘徊于斗牛之间。白露横江,水光接天。纵一苇之所如,凌万顷之茫然。浩浩乎如冯虚御风,而不知其所止;飘飘乎如遗世独立,羽化而登仙。

(1)对仗与节拍。

①请先找出其中的对仗句,一边诵读,一边标出节拍。

"清风"二句,是四字句,"二二"节拍;"诵明月"二句,是五字句,"一二二"节拍;"纵一苇"二句,是六字句,"一二一二"节拍;"月出"二句,是七字句,"一二二二"节拍;"浩浩"与"飘飘"二句,是八字句,"三一二二"节拍。

②仔细思考后写出运用对仗的妙处。提示思考角度:声音效果与表达内容之间的关系。

节拍相同,节奏整齐,音韵和谐悦耳,与作者泛舟赤壁的悠闲愉悦之情谐调一致。

③对仗句字数变化的妙处是什么?假如都替换成四字的

对仗句,效果会如何?

修改句:"清风徐来,水波不兴。举酒属客,诵明月诗,歌窈窕章。少焉,月出东山,徘徊斗牛。白露横江,水光接天。"

效果:四字对仗句的"二二"节拍太多,显得节奏平板呆滞。通过对比诵读发现,原句字数增多时,节拍也随之增多,节奏也有了抑扬起伏的变化,这种声音效果显然与作者泛舟赤壁的闲适愉悦之情更加谐调一致。

④对仗句的字数变化有何规律?

四字句"清风""水波"两句写景,五字句"诵""歌"两句写人的行为,七字句"月出""徘徊"两句写月,六字句"纵""凌"两句写人的行为,八字句"浩""飘"写人的感受。可见,对仗句的字数变化与句意的转换一致。

小结:①每组对仗句节拍相同,节奏整齐,音韵和谐悦耳;对仗句字数增多时,节拍也随之增多,整段节奏也变得抑扬顿挫,但都与作者泛游赤壁的闲适愉悦之情谐调一致。②对仗句字数的变化与句意转换相关。

(2)押韵。

请找出第一段押韵的字,反复朗读后说出押韵的妙处。

明确:押ang韵的有:"望""章""上""江",押an韵的有:"间""天""然""仙"。

小结:两个韵的发音特点都是口型扩大,声音响亮而悠长,与作者泛舟赤壁的悠闲愉悦之情谐调一致。

(3)平仄。

请标出第一段每句末字的平仄(平声用"—",仄声用

"|"标注），并大声朗读。

　　壬戌之秋—，七月既望|，苏子与客泛舟游于赤壁之下|。清风徐来—，水波不兴—。举酒属客|，诵明月之诗—，歌窈窕之章—。少焉—，月出于东山之上|，徘徊于斗牛之间—。白露横江—，水光接天—。纵一苇之所如—，凌万顷之茫然—。浩浩乎如冯虚御风—，而不知其所止|；飘飘乎如遗世独立|，羽化而登仙—。

小结：平仄的声音之妙，平声发音特点响亮绵延，适合表达愉悦明快的情感；仄声发音特点阻塞短促，适合表达压抑沉闷的情感。本段平声多于仄声，平仄相间产生抑扬顿挫的声音效果，与作者泛游赤壁的愉悦之情谐调一致。

（4）整散句结合。

①作者为什么不全使用对仗句，而是插入一些散句呢？

先从内容看，散句主要是叙事，对仗句主要是描写和抒情，用对仗句叙事不如散句自由。

②从声音效果看，使用散句还有什么妙处？

提示：使用"替换法"，把开头三句替换成整齐的四字句："壬戌之秋，七月既望，苏子与客，泛舟游荡，赤壁之下"。

效果：如果都使用整齐的四字句，就都是"二二"节拍，节奏平板没有变化。这样对比便会发现，原文整、散句结合使用打破了"二二"节拍的平板，使音韵有了抑扬顿挫的变化。

③抑扬顿挫的音韵变化还与什么有关？

提示：使用"删减法"，删掉原文中的虚词"于"和"之"。

试着朗读删改句"苏子与客泛舟游赤壁下",便完全没了抑扬顿挫之感。

小结:从表达功能看,对仗句是描写和抒情,散句是叙事,嵌用散句使得叙事更自由。从声音效果看,散句的插入打破了全用对仗句的平板,尤其虚词的加入使音韵产生抑扬顿挫、连绵不绝的变化,与泛游赤壁的愉悦之情相谐调。

教师总结:探究语言之美时,使用的方法有"替换法"、"删减法"和对比诵读法;探究的角度有对仗、整散句结合、押韵、平仄、节拍等。所谓语言之美,既有句式整齐的形式美,还有与内容和谐一致的声音美。

4.学生实践。按照段落顺序,运用"替换法"、"删减法"和对比诵读法,从对仗、押韵、平仄、节拍和整散句结合的角度赏析语言之美,将赏析中遇到的关键词写在学案中。

(1)第二段。

> 于是饮酒乐甚,扣舷而歌之。歌曰:"桂棹兮兰桨,击空明兮溯流光。渺渺兮予怀,望美人兮天一方。"客有吹洞箫者,倚歌而和之。其声呜呜然,如怨如慕,如泣如诉,余音袅袅,不绝如缕。舞幽壑之潜蛟,泣孤舟之嫠妇。

①押韵、平仄。

这段按内容分为两层。第一层"歌曰"四句,"桨""光""方"押ang韵,后两字平声,声音响亮悠长,与"乐甚"的情境一致。第二层对箫声的描述,"慕""诉""缕""妇"押u韵且多仄声,声音收拢在口中放不出来,与"客"的消沉情绪一致。段意由苏子的"乐甚"转为"客"的消沉，相应地，韵脚也由ang韵换到u韵，可见押韵、平仄与表达的内容谐调一致。

②节拍。

"歌曰"的四句节拍是"三二/一三一二，三二/一三一二"，有抑扬顿挫之感，与"乐甚"一致。箫声描写句，连续四句"二二"节拍，没有抑扬顿挫，与"客"的低落沮丧情绪相一致。为缓和连用"二二"节拍的呆板，改用两个"一二一二"节拍，仍押u韵以表明表达同一情感。

③最后两句为何不写成"幽壑之潜蛟舞，孤舟之嫠妇泣"？

原因如下：一是使用倒装句符合真实情境，应该是先看到有东西在舞动，然后仔细辨认，才看出是幽壑之潜蛟在舞动；应该是先听到有人在哭泣，然后仔细辨认，才发现是孤舟之嫠妇在哭泣。如果不用倒装句，呈现给读者的就是加工后的信息，而不是当时的真实情境。二是倒装句形成"陌生化"效果，更像"诗"句，否则虽然字数相同但仍是散文句法。

④前两段的句式变换有何妙处？

从内容看，第一段末用对仗句是抒情，第二段"于是"二句是叙事，改用散句。第一层"歌曰"是抒情，用诗句；接下来，"客"是叙事，用散句；写箫声"呜呜然"是描写，又用诗句。可见，这两段的散句用于叙事，诗句用于抒情和描写，整、散句结合可形成抑扬顿挫的声音效果。

（2）第三段。

苏子愀然，正襟危坐而问客曰："何为其然也？"客曰:"'月明星稀,乌鹊南飞',此非曹孟德之诗乎?西望夏口,东望武昌,山川相缪,郁乎苍苍,此非孟德之困于周郎者乎?方其破荆州,下江陵,顺流而东也,舳舻千里,旌旗蔽空,酾酒临江,横槊赋诗,固一世之雄也,而今安在哉?况吾与子渔樵于江渚之上,侣鱼虾而友麋鹿,驾一叶之扁舟,举匏樽以相属。寄蜉蝣于天地,渺沧海之一粟。哀吾生之须臾,羡长江之无穷。挟飞仙以遨游,抱明月而长终。知不可乎骤得,托遗响于悲风。"

①本段句式变换有何妙处?

"月明星稀,乌鹊南飞"两句"二二"节拍,接上散句的反问句"此非曹孟德之诗乎?",语气由平静叙述变成反问,这是第一次语气的提振。"西望夏口,东望武昌,山川相缪,郁乎苍苍",连续四句"二二"节拍,再接上散句的反问句"此非孟德之困于周郎者乎?",语气由平静叙述变成反问,这是第二次语气的提振。接下来,"(方其)破荆州,下江陵,顺流而东也,舳舻千里,旌旗蔽空,酾酒临江,横槊赋诗",连续七个整句后插入散句"固一世之雄也,而今安在哉?"形成第三次语气的提振。这三次语气的提振,对仗句逐渐增加,反问语气逐渐增强,表现出"客"由"理性—竭力保持理性—失去理性—最终沮丧"的情绪变化过程,如同人在情绪激动时说话越来越快的情形。"况"后引领的七字句、六字句,句式整齐,句子长度加大,节拍于整齐中有变化,语气舒缓,暗示"客"又恢复了理性,但仍然心情压抑。

②本段押韵的妙处是什么?

提到曹孟德时,用"昌""苍""江"押开口韵ang,语气激昂;提到落魄的自己时,用"鹿""属""粟"押闭口韵u,语气低落压抑。"哀吾生之须臾"仍是u韵,是前句的延续,是与后句的过渡。后句"穷""终"押ong韵,声音响亮悠长,与"客"无限向往的"羡"情一致。"知不可乎骤得,托遗响于悲风","客"从"羡"的遐思回到"知"的现实,语意变化了,因此使用换韵。

③本段使用的虚词有何妙处?

<u>方</u>其破荆州,下江陵,顺流而东也,舳舻千里,旌旗蔽空,酾酒临江,横槊赋诗,<u>固</u>一世之雄也,<u>而</u>今安在哉?<u>况</u>吾与子渔樵于江渚之上……

用"删减法"去掉"方""固""而""况"后,朗读时的语气平淡了,表意的层次感也不分明。再朗读后发现,"方"领起的内容是列举曹操的功绩,再看"方"是平声,发音时口型扩张,声音响亮悠长,读起来语气提振,可见"客"对曹操含有敬仰之情。"况"领起的内容是自身的渺小,情感压抑;"况"虽然也是ang韵,但为仄声,发音时声音和气息引向喉咙深处,声音明显低落下来,可见对自身境遇失望沮丧。从"方"到"况"及引领的各句,完成了语气由提振向低落的变化,充分表达了"客"对曹操成就的敬仰之情和现今自己失落沮丧的情形。

(3)第四段。

苏子曰:"客亦知夫水与月乎?逝者如斯,而未尝往也;盈虚者如彼,而卒莫消长也。盖将自其变者而观之,则天地曾不能以一瞬;自其不变者而观之,则物与我皆无尽也,而又何羡乎!且夫天地之间,物各有主,苟非吾之所有,虽一毫而莫取。惟江上之清风,与山间之明月,耳得之而为声,目遇之而成色,取之无禁,用之不竭,是造物者之无尽藏也,而吾与子之所共适。"

本段的句式变换有何妙处?

"客亦知"反问句提振语气后,接以对仗句"逝者……盈虚者……""自其变者……自其不变者……",强调了水与月的"其变"与"不变"的比较。然后,又插入一个"而又何羡乎"来加强语气,第二次提振语气。虚词"且夫"意味着要开始表达另一层意思"莫取"。然后,又是一组诗句,由"惟"字引领三组对仗句,节奏鲜明,声音和谐悦耳,抒发了自己对自然的领受之情。

此段几乎没有押韵,且多用虚词,因为这段是议论,用散句发表议论更容易表达得严谨透彻。

(4)第五段。

客喜而笑,洗盏更酌。肴核既尽,杯盘狼籍。相与枕藉乎舟中,不知东方之既白。

①本段句式变换有何妙处?

第五段一改第四段的长句,连用四句四字句,节奏鲜明,节拍短促,与"客"转悲为喜的情绪一致。

②本段使用虚词"乎""之"有何妙处?

用"删减法"去掉"乎""之",再朗读"相与枕藉舟中,不知东方既白",会感觉到语气稍生硬。对比原句可知,增加两个虚词,便增加了语气的抑扬顿挫,与作者心满意足的情绪谐调一致。

③本段尾句在平仄的使用上有何妙处?

"白"平声,口型扩张,发音响亮而悠长,用在结尾处给人以余韵徐歇之感。

四、活动3:课后作业

古诗文经典作品都是内容和形式并重,意义和音韵兼美,将古代汉语运用到纯熟的地步。请在课后写一篇《〈赤壁赋〉的文体之美》的赏析文章。

【教学反思】

1.本设计引导学生赏析《赤壁赋》的文体之美,教学效果取决于学生是否充分熟悉文本内容,诵读是否流利。

2.赏析文体之美是学生比较陌生的学习内容,教师在指导过程中,可视学情确定讲解的详略,甚至可以全程详细讲解,为今后学生赏析《过秦论》等文体之美奠定基础。

如何看待鸿门宴上项羽放走刘邦?
——"《鸿门宴》思辨性阅读"教学设计

【设计说明】

本篇课文属于统编版高中语文必修下册第一单元的自读课文,本单元的人文主题是"中华文明之光",任务群属于"思辨性阅读与表达"。虽是自读课文,但仍属于经典的传统篇目,且适合训练学生的思辨性阅读,故将其作为思辨性阅读的精读篇目。

【学习目标】

1.反复诵读,整体把握文意,积累文言文的重点实词、虚词,提高阅读文言文的能力。

2.理解本文在叙事写人方面的艺术手法和蕴含的史学观念。

3.通过文本细读和思辨性阅读,提高思辨能力。

【学习任务】

1.有人说项羽在鸿门宴上放走刘邦是愚蠢的,请你细读课文后写一篇文章加以反驳。

2.楚汉之争的结果,刘邦以绝对的劣势最终战胜了拥有绝对优势的项羽。试从鸿门宴一事中，探究刘邦身上具备哪些成为最终赢家的特质。

【教学时长】

3课时。

【教学过程】

一、活动1：熟读课文，了解大意，围绕鸿门宴概括层意

宴前
- 第一段（起因）：曹无伤告密
  - 项羽欲攻刘邦
  - 范增火上浇油
- 第二段（发展）：项伯夜救张良
  - 刘邦求情项伯
  - 项伯定下鸿门宴

宴中
- 第三段（高潮）：项羽接受刘邦道歉
  - 范增安排项庄舞剑
  - 樊哙闯帐斥责项羽

宴后
- 第四段（结局）：刘邦逃离鸿门
  - 张良留下送礼
  - 范增怒毁礼物
  - 刘邦杀曹无伤

小结：鸿门宴事件始于曹无伤告密、项羽要进攻刘邦，终

于曹无伤被杀、项羽放弃进攻，首尾呼应，结构严谨。

二、活动2：细读课文，探究项羽没在鸿门宴上杀死刘邦是否愚蠢

问题：历来有人认为，项羽在鸿门宴上放走刘邦是他的一个愚蠢决定，如果他在鸿门宴上杀死刘邦，就不会有后来的楚汉之争和自己的灭亡。这个看法是否合理？

1.了解鸿门宴的背景。

前209年，陈胜、吴广起义后，刘邦、项羽也从江东起兵。项羽的叔叔项梁拥立楚怀王之孙，仍号称"楚怀王"，借此影响力召集诸将结成反秦联盟，其中就有刘邦。楚怀王命主力军刘、项分南北两部，合力进攻秦军，并约定"先入关中者王之"。前207年，刘邦率先入函谷关，并占领了秦朝的都城咸阳，当时的秦王子婴投降刘邦（曹无伤所说的"使子婴为相，珍宝尽有之"，就是指这一时期）。进入咸阳后，刘邦尽除秦朝苛法，与关中父老约法三章。萧何接管了秦丞相、御史府所藏的律令、图书，掌握了全国的险要山川、郡县户口等资料。刘邦为抵挡其他力量进入咸阳，听从谋士建议派兵把守函谷关（即课文中的"距关，毋内诸侯"）。刘邦对富丽堂皇的秦宫迷恋不已，想住在秦宫，在樊哙和张良的极力反对下，才离开秦宫退到霸上。项羽带兵到函谷关时，得知刘邦已占领咸阳和函谷关，震怒之下想攻打刘邦，这时的项羽根本不顾及楚怀王的约定。

小结：从背景看，刘邦、项羽同属于一个反秦联盟，按楚怀王的约定，刘邦占领函谷关是合理的。项羽本没有理由攻

打刘邦，攻打刘邦是项羽不遵守规则，恃强凌弱。

2.细读课文第二段，分析讨论刘邦和项伯各表达了什么意思。

（1）面对张良"料大王士卒足以当项王乎？"的反问时，刘邦承认自己的实力比不过项羽。他说："吾入关，秋毫不敢有所近，籍吏民，封府库，而待将军。所以遣将守关者，备他盗之出入与非常也。日夜望将军至，岂敢反乎！愿伯具言臣之不敢倍德也。"这段话有三层意思：一是辩解说自己并不想占领咸阳和函谷关。二是"而待将军""日夜望将军至"，表示自己是替项羽把守，现在项羽来了，自己愿意把函谷关让给项羽。三是"愿伯具言臣之不敢倍德也"，明确希望项伯能在项羽面前为自己求情。也就是说，刘邦不仅把自己的胜利果实乖乖地献给强大的项羽一方，还要卑微地"求放过"，他根本不敢提楚怀王之约。

（2）项伯不但收下刘邦的胜利果实，还提出一个过分的要求，即让刘邦上门给项羽道歉，这样项羽方就不用承担违背楚怀王之约的责任了，因为要让外人看到是刘邦"主动"献上的。"不可不蚤自来谢项王"一句中，"不可不"的双重否定加重语气；"蚤"（通"早"）的时间要求；"自来"，必须是刘邦本人来，这些描述都将项伯的恃强霸道表露无遗。项伯回到军中见项羽，"具以沛公言报项王"后，说出三层意思：一是"沛公不先破关中，公岂敢入乎？"，刘邦帮助我方扫清了进军的阻力（即"有大功"）。二是"今人有大功而击之，不义也"，杀刘邦没道理，还会带来舆论压力，反秦联盟的其他诸侯怎么看待我方呢？三是提出"不如因善遇之"的接待思路，因为不用进攻就得到了期望的所有好处,再因为刘邦还颇识时务地前来道歉,也掩盖了我方违背楚怀王之约的事实。所以"项伯许诺"和"项王许诺",虽然"许诺"的内容不同,但叔侄二人都认识到杀刘邦反倒是失策。所以,在第二天的鸿门宴上,项羽不回应范增的示意,项伯舞剑"翼蔽沛公",项羽不怪罪樊哙闯帐的无礼言行,项羽不在意刘邦"如厕"离开等,就很好理解了。

小结:鸿门宴的剧本在头天晚上就"写"好了。那些认为项伯充当了内奸、项羽放过刘邦是糊涂愚蠢的读者,其实是没读透刘邦对项伯说的话和项伯对项羽说的话包含的深意。

教师补充:项羽以四倍于刘邦的兵力,反秦联盟领袖的身份,四年后最终败亡于刘邦手下,原因一定不只是鸿门宴放走刘邦这一点。例如,鸿门宴过后,项羽进入咸阳,杀戮秦朝宗室,焚烧秦朝宫室,劫掠关中。杜牧《阿房宫赋》中的"楚人一炬,可怜焦土",说的就是项羽火烧阿房宫一事。同样是进入咸阳,进入秦宫,项羽与刘邦的做法形成鲜明对比。再如,从鸿门宴上范增执意杀掉刘邦的表现看,显然项伯叔侄并没有在前一夜与范增沟通达成共识,甚至压根儿就没与范增沟通,这说明项羽集团内部并非团结一心。

三、活动3:从鸿门宴一事看,探究刘邦身上具备哪些成为最终赢家的特质

示例:

1.有能力快速判断并接受正确的意见。他先是听从了张

良的意见——"请往谓项伯,言沛公不敢背项王也",后来又听从樊哙"何辞为"的意见,迅速逃离鸿门宴这个危险之地。

2.审时度势,能屈能伸,舍得适时让出既得利益。他不但忍痛让出自己的胜利果实——函谷关(和秦都咸阳),还接受了亲自道歉的无理要求,并在项羽面前姿态谦卑。如果他贪恋函谷关和咸阳秦宫的财富,继续"距关,毋内诸侯",便有可能会被这场恶战拖垮。

3.有高超的语言艺术和应变能力。前者,如刘邦对项羽所说的话(对项伯说的话也一样),话术是表达谦卑和道歉。自称"臣",降低身份,摆明低姿态;把先攻入函谷关称为"不自意",避免刺激项羽;把项羽的"欲怒攻"归咎于"有小人之言",找到一个双方都能下台阶的借口。而项羽说出曹无伤,也是趁机下台阶,不能因此便认为这是项羽愚蠢地说出自己的眼线。后者,如在合适的时机借口"如厕"逃离鸿门宴。

4.做事周全,有预案。自项伯离开后,刘邦等人必定做过精心筹谋,做出各种预案,至少樊哙闯帐是预案之一。樊哙闯帐后说的那番话很有可能是提前设计好的,依据是与刘邦对项伯说的话意思相同但话风不同。樊哙首先表达了对秦王的评价——"虎狼之心……天下皆叛之",为下文指责项羽立下评价的标尺;其次提楚怀王之约,但妙在不是指责项羽违约,而是表明我方的行动是根据楚怀王之约,所以是有功劳的(替刘邦叫屈);最后指责项羽"未封赏"、听细说、"诛有功"实质是"亡秦之续"。这番话有理有据,层层深入,直说得项羽"未有以应"。

5.（教师补充）善于识人，用人不疑，故善聚集人才。刘邦手下并不是只有张良一个谋士，张良跟随刘邦的时间也不长，但是刘邦能够完全信任并听取张良的意见。相比之下，项羽尽管尊范增为"亚父"，但根据范增在宴会上多次示意的行为和宴会后的捶胸顿足来看，项伯、项羽在宴会前并没有跟范增沟通如何对待刘邦。

教师小结：《史记》以前的史书采用编年体，以时间为中心，按年代顺序来记述史事；《史记》是我国第一部纪传体通史，是以人物为中心线索来编写史事。

四、活动4：课后作业，完成本教学设计的两个学习任务

【教学反思】

1.本教学设计的这两个学习任务能激发学生的探究兴趣，学生愿意反复细读课文，同时能在语境中掌握重点实词、虚词。对这类故事性强的文言文，可以不必句句翻译。

2.学生限于年龄和生活阅历，进行活动2、活动3学习时，可能会有些吃力，需要教师多做扩展讲解。

琐事淡语见深情
——《项脊轩志》教学设计

【设计说明】

本篇课文属于统编版高中语文选择性必修下册第三单元的自读课文，单元的人文主题是"至情至性"，学习任务群属于"中华传统文化经典研习"。这篇文章是文言文中比较少见的回忆家庭生活的抒情散文，表达了作者对人生的挫败之感，对亲人的怀念之情，对家族没落的遗憾之情，蕴含着中国传统的人生观、家庭观。学生能大致读懂全文，但有可能对情感的理解流于表面，有些学生或许认识不到文中蕴含的中华民族传统的"阖家欢"的家庭观和"修身、齐家、治国、平天下"的人生观，需要教师加以指导。

【学习目标】

1.积累文言文的重点实词、虚词，提高翻译能力。

2.通过诵读分析，探究平淡语言背后的浓厚情意。

3.通过对本文的认识，评价中国传统文人的人生观和家庭观。

【教学时长】

2课时。

【教学过程】

一、导语

相较于以前学过的其他文言文,《项脊轩志》是一篇独特的怀念类散文。独特在哪里呢?课后"学习提示"里提到:"《项脊轩志》所写不过一间小屋,所记无非一些身边琐事和日常话语,却饱含深情。"学习这篇文章时,我们来探究一下文中的"身边琐事和日常话语"背后隐藏着作者怎样的深厚感情,体现出作者怎样的人生观和家庭观。

二、解题,了解作者生平(略)

三、活动1:熟读课文,整体感知文意,梳理全文内容的提纲

示例:

$$\begin{cases} 喜:轩中读书 \\ 悲:分家失序 \end{cases}$$

　　　　幼年丧母

　　　　愧对祖母

　　　　爱妻早逝

四、活动2：探究作者描写"可喜"与"可悲"的文字背后的含义

1.反复品读第一段，分析作者"喜"在何处？

（1）从文中直接表现喜欢的词语"增胜""可爱"等便可知，作者一喜庭中种植的花木为旧有栏杆增彩，二喜庭中月夜美影可爱，三喜小鸟大胆啄食，四喜自在读书独处。

教师补充："小鸟时来啄食，人至不去"一句貌似与项脊轩关联不大，删掉此句会如何呢？

此句删去不妥。一是用"小鸟时来啄食，人至不去"来反衬环境的宁静；二是动静结合，给宁静的环境增添了动感、活力和生机。

教师补充：在静景中加入动物或人物，是中国古人描绘环境的特点，以山水为主的画作中通常在不起眼的位置画上人物、动物等，画面就消除了空寂感，增添了温情和活力。

（2）把旧阁改造为新书斋的创造之喜。

这一要点有些学生未必认识到，需要教师运用"因声求气法"来进行点拨：画出第一段中四字句的节拍，朗读体会连续使用"二二"节拍的轻松明快，从修葺前后的语句中捕捉作者的得意和成就感，由此认识到句式的选择与表达的情感（"可喜"）谐调一致。

2.从第一段的"多可喜"看出作者是一个怎样的人？

客观地说，修葺好的项脊轩也还是一个老旧、简陋、狭小的书房。"垣墙周庭"的目的是利用外墙的反光增加项脊轩

内的光线,可见外墙离轩很近,"周庭"也没多大面积。而"可喜"的美景其实不过是白天啄食的小鸟,夜晚的明月与花影。在如此简陋狭小的空间里,当时还是少年的作者为何感到"多可喜"呢?

教师提示:请回顾《论语·雍也》中:"贤哉,回也!一箪食,一瓢饮,在陋巷,人不堪其忧,回也不改其乐。"

颜回所追求的,并不是物质财富的充足,而是修身立德的精神满足。《论语》是古代读书人在完成识字任务后,必须熟读成诵的"四书"之一,所以"颜回之乐"也渗透到一代代读书人的心中,逐渐成为一种民族文化性格,持续影响着后来的读书人。

作者不在意项脊轩的老、破、小,还认为项脊轩中的读书生活"多可喜",可以看出作者也同样崇尚"颜回之乐",享受读书提升精神境界的愉悦。

3.反复品读第二段至文末,分析作者"多可悲"的含义。

(1)问题1:作者回忆母亲和祖母时都使用了直接表现"悲"情的词语,但写到母亲时用"泣"字,写到祖母时用"长号不自禁",是因为作者对母亲的感情不如对祖母深吗?

细读两节文字发现,作者伤心的理由和感情流露的情境不同:

①对母亲"泣",是因为母亲早逝,得到母爱不足,作者感受更多的是人生的缺憾。另外,"泣"的情境是与尊敬的老妪对话,不便在长者面前肆意宣泄情感,尚有所节制。

②对祖母"长号不自禁",是因为此时自己科举失意,一

方面痛感人生的失败，另一方面因未能光宗耀祖而愧对祖母的殷切希望。这种人生的挫败感比缺失母爱的遗憾更痛苦。忆祖母的情境是独自一人"瞻顾遗迹"（睹物思人），因而可以尽情宣泄自己的痛苦心情。

（2）问题2：作者描述分家和妻子时，没有直接使用表达情感的词语，为什么？

①教师点拨1：古代封建大家庭崇尚"阖家欢"，一般只有大家庭遇到危机时才分家，分家是大家族败落的标志，而且这种认识根深蒂固。我们在巴金的《家》《春》《秋》和老舍的《四世同堂》这类家族小说中，也能明显看出作品中表达的这种观念。

《项脊轩志》的作者对分家感到羞愧，所以描述时语言极为简练，且多使用不含主观情感的词语，来客观描述庭院的变化，但这些也足以揭示出亲人之间的各种不睦：原先"中通南北为一"的庭院，变成到处都是"小门墙"，甚至出现"客逾庖而宴，鸡栖于厅"的尴尬情景；"庭中"的分隔先用"篱"后用"墙"，表明亲人之间的隔膜日渐加深。

作者将"分家"排列在"可悲"之首，一是"分家"带给作者的挫败感极强（也是祖母殷切希望作者读书成功的主因），二是反衬后文四位女性（包括感念女主人恩情的老妪）之亲情可贵，前者又为这亲情打上苍凉的底调。

②教师点拨2：中国传统文化崇尚"含蓄蕴藉"之美，人们极少直接而热烈地表达自己的情感，表达夫妻感情更是含蓄至极。

作者回忆妻子时，没有使用带有主观情感的词语，只是通过描述几个典型细节来表达对妻子的深情。例如，"时至轩中""问古事""学书"等细节，可见夫妻二人互动较多，感情深厚，这在封建社会的夫妻之间很可贵也很少见。"述诸小妹语"的细节说明，因为夫妻感情好，所以妻子愿意把家里的琐事讲给娘家的诸小妹，也愿意把诸小妹的话转述给作者。最后，借枇杷树含蓄地表达对妻子深深的怀念。

教师补充："今已亭亭如盖矣"，"矣"是舌尖音，读时声音拉长，显得余韵悠长，与怀念之情谐调一致。

五、活动3：根据文章，分析评价作者的家庭观和人生观

1.教师点拨1：从作者对"诸父分家"的无奈和羞愧，推断作者理想的家庭是什么样的；从回忆母亲和祖母的文字看，母亲的慈爱多表现在对晚辈的抚养，祖母的慈爱多表现在对晚辈的指导和引领；从祖母的语言看，作者身上寄托着光宗耀祖的家族责任；从回忆夫妻相处的文字看，作者对他们夫妻的感情生活很欣慰。

作者的家庭观是大家庭和睦共处，兄弟间不计较小家庭的利益得失，夫妻间恩爱相处，长辈抚养和指导晚辈成长，晚辈有责任光宗耀祖。体现了"家和万事兴、天伦之乐、尊老爱幼、贤妻良母"等中华民族的传统家庭观，体现了中华民族重视家庭与亲情的优良传统。从古至今，中国人往往把家庭当作人生的起点和归宿，把养育子女、报答父母、光宗耀祖等作为

人生的奋斗目标。所以说,作者的家庭观在今天仍有增强凝聚力、维护社会安定和谐的重要意义。

2.教师点拨2:

> 子夏曰:"仕而优则学,学而优则仕。"
>
> (《论语·子张》)
>
> 心正而后身修,身修而后家齐,家齐而后国治,国治而后天下平。　　　　　　　　(《大学之道》)

从祖母的殷切希望看,作者和他的家庭都崇尚传统的"学而优则仕"的观念。在封建时代,"学而优则仕"是知识分子最重要的人生晋级路径,出身书香门第的作者不可能不深受这个观念的影响。作者以"修身、齐家、治国、平天下"为人生的追求。项脊轩中读书,作者体验的颜回式快乐正是"修身"带给人的精神满足;而愧对祖母期望的正是"齐家"不得的痛苦。作者科举失利,实现不了"齐家"的理想(羞于"诸父分家"、愧对祖母期待、痛心爱妻早逝的种种痛苦,可以说也都源于此),更谈不上实现"治国""平天下"的宏伟理想。如此看来,作者"亦多可悲"的分量极重。

六、活动4:课后作业

1.作者在琐碎记述中表达了对母亲和祖母的深情。请抓住"琐碎记述"和"深情"两个关键词,写一段赏析文字。

2.积累以下重点词语。

(1)实词。

又北向：向，本义是窗户。

大母过余曰：过，拜访，文中是"看望"的意思。

久不见若影：若，你的。

比去，以手阖门：比，等到。另一个重要义项"并列"，如"比邻而居"。

（2）虚词。

凡再变矣：凡，共。再，两次。

而母立于兹：而，通"尔"，你的。

（3）读音。

呱呱而泣：呱，gū。

【教学反思】

1.本文的内容相对通俗易懂，但重点实词较多，需要教师督促学生掌握。

2.本文的难点是文中蕴含的细腻感情、文化背景、文化观念，限于学生的生活阅历，个别学生可能理解不够深入，这些内容需要教师进行补充、扩展，给学生以引导，激发他们的学习兴趣。

目光中的祥林嫂
——《祝福》教学设计

【设计说明】

《祝福》属于统编版高中语文必修下册第六单元，本单元的人文主题是"观察与批判"，学习任务群属于"文学阅读与写作"。鲁迅小说惯用"看/被看"的叙事模式，这是鲁迅先生对中国人的生存方式和人与人之间关系的一个高度概括。初中学过的《孔乙己》，高中教材里的《祝福》和《阿Q正传》，均使用了这种叙事模式。运用这种叙事模式来分析小说，能够帮助学生提纲挈领地理清小说中纷杂的人物关系，比较准确地分析出人物的性格特点与主题，更容易理解单元的人文主题，也便于对后面小说进行整合学习。本课以"作品中的各种人物是怎样看待祥林嫂的"为切入点，进而分析祥林嫂这一悲剧人物的形象，揭示出封建礼教吃人的主题。

本册教材的第四单元，人文主题是"媒介素养"，学习任务群是"跨媒介阅读与交流"，因此，还可以将小说《祝福》与电影《祝福》做一个跨媒介阅读的课例。

【学习目标】

运用"看/被看"的叙事模式来分析小说的主题和人物形象。

【学习任务】

小说《祝福》被改编成同名电影。电影的结尾增加了祥林嫂怒砍门槛的情节,这个情节的改动是否合理?学习《祝福》后,请写一篇文章谈谈你的看法。

【教学时长】

3课时。

【教学过程】

一、导语,提出学习任务

作为社会中的个体,人始终生存于众多目光之中。每个人都在看别人,也在被别人看。鲁迅的小说大多采用"看/被看"的模式,如初中时学过的《孔乙己》,掌柜、短衣帮顾客看孔乙己,小伙计"我"又看掌柜、看短衣帮顾客、看孔乙己,作者又看所有这些人。《祝福》中的祥林嫂也一样,她生活在她周围的目光之网中。

请同学们细读这篇小说,然后完成以下两个任务:

任务1.作品中的各种人物是怎样看待祥林嫂的?

任务2.人们的目光对祥林嫂有什么意义?

二、活动1:完成任务1——作品中的各种人物是怎样看待祥林嫂的?

1.读者眼中的祥林嫂。

教师提示：首先明确我们眼中的祥林嫂是什么样的人物，以此作为参照，来评价作品中各种人物对祥林嫂的态度。

学生活动：

（1）从祥林嫂的出场描写看：她是一个年轻、模样周正的农村妇女，性格温顺安分，十分勤快，且对生活要求不高。

（2）从祥林嫂一生的经历看，她不断反抗又不断失败。

2-3　祥林嫂反抗情况一览表

反抗事件	反抗目的	反抗结果	最终结局
逃出做工	反抗被卖掉	被绑架回去	失败
拼命抗婚	反抗被卖掉	被卖到深山	失败
乞捐门槛	反抗被锯开	祭祀仍遭拒	失败
思索阴间	反抗被唾弃	祝福夜死去	失败

总结：我们眼中的祥林嫂，是一个相貌端正、性格温顺、年轻勤快、容易满足的女人，又是一个经历过两次丧夫一次丧子的不幸女人。为了反抗被他人主宰的命运，她反抗过、努力过，但还是被愚昧的社会推向"做人不成，做鬼不敢"的悲惨境地，最后悲惨地死去。祥林嫂是一个旧中国最底层被侮辱被损害的农村妇女的典型形象。

2.小说中其他人物是怎样看待祥林嫂的？

（1）"我"。

预备她来讨钱——对祥林嫂有同情心。

不能干脆地回答祥林嫂的问题—— 这些在祥林嫂看来

重大的、严肃的但在"我"看来很可笑的问题,"我"竟然没有明确地回答,更没有予以科学的教导。这说明"我"不相信祥林嫂能够自救,也不愿意去做救助她的努力。

赶紧逃走——没有施救,但良心上又不安,所以选择逃避。

"你是识字的,又是出门人,见识得多。"——祥林嫂对"我"怀有惊喜的企盼,但"我"恰恰没有去重燃祥林嫂本已微弱的希望之光。"我"想抽身于鲁镇和祥林嫂之外,对二者都抱有怯弱的冷漠。

小结:清醒却软弱的小知识分子"我",用一个局外人的目光看待祥林嫂:她值得同情,但又不确定自己能否帮到她,因而怀着绝望远离她。

(2)家族中人。

①前任婆婆。

将她千方百计抓回卖掉——在她眼中,祥林嫂是她的家庭私有财产,她对祥林嫂有绝对的所有权和处置权。

②贺家大伯。

将丧夫失子的祥林嫂赶走,只为收回屋子——在他眼中,丧夫失子的祥林嫂已经没有资格继续生活在原本属于她自己的家里。

小结:毫无家庭成员间的亲情,也没有人与人之间的温情。甚至在他们眼中,祥林嫂就不是一个自主的"人",而是一件会说话的物品,他们有权处置她剥夺她,绝不会考虑她的生存问题。

(3)雇主。

①鲁四老爷。

祥林嫂初来时讨厌她是寡妇,被绑回后默认她婆婆的做法,祥林嫂再来时认为"败坏风俗"不能参与祭祀,最后赶走了祥林嫂。祥林嫂死后还骂她是"谬种"。

——鲁四老爷虽是读书人,但认识水平与村里人一样,认为祥林嫂是"不祥"的女人,因而厌恶她。

②四婶。

对祥林嫂的被绑回,只是愤怒于自家名声受损;因为雇不到祥林嫂那样的好佣人才会想到她;听从四叔的告诫,不让祥林嫂参与祭祀,从而彻底将祥林嫂推进绝望之中。

——四婶看待祥林嫂,没有女人对女人的同情,只有好佣人与坏佣人的区分。

小结:鲁四夫妇也没有把祥林嫂看作真正意义上的"人",只当她是一个会说话的工具,一旦这个工具不能很好地工作了,他们就无情地赶走她。

(4)同情者卫老婆子。

"小户人家,这算得什么?……不嫁了她,那有这一注钱来做聘礼?"——对祥林嫂被卖一事,认为是理所当然的事,反映了她的愚昧麻木。

"听说那时实在闹得利害"——对祥林嫂的出格抗婚不赞成,她的言外之意是祥林嫂没有必要这样决绝地反抗。

小结:作为娘家邻居的她,虽对祥林嫂有温情有同情,但也认同婆婆卖掉祥林嫂的行为。

(5)鲁镇人。

对第二次丧夫又失子的祥林嫂"但音调和先前很不同;

……但笑容却冷冷的了"——不同情反而鄙视她。

对阿毛的故事：男人没趣地走开，女人换掉鄙薄陪出眼泪，老女人特意寻来听后满足地议论。——从他人的痛苦中得到满足。

听熟阿毛的故事后，全镇的人们"一听到就烦厌得头痛""打断她的话，走开去了""似笑非笑的先问她"，后来主动问伤疤——满足快乐后重又厌恶，以取笑他人的隐私为乐。

（6）柳妈。

取笑并传播祥林嫂的隐私生活——内心猥琐。

她那死后被锯开的说法将祥林嫂推入恐惧的深渊——有意无意地作恶。

提醒"捐门槛"——偶尔也有善意。

小结：善女人对祥林嫂也不善，恰恰是这个善女人摧垮了祥林嫂最后的生存意志。

（7）庙祝。

对祥林嫂"捐门槛"的请求，起初执意不允许，后索要高价。

小结：寺庙中人本该是行善之人，却对祥林嫂很不友善，不但毫不同情，还趁机敲诈。

（8）送茶的短工。

对祥林嫂死于祝福前夜很"淡然"，觉得她"还不是穷死的？"。

小结：对一个活生生的人死于祝福前夜，毫无感慨与同情。

3.总结主题。

由上述分析可知，小说中的人物无论是略有善意的，还是一直冷漠的,都把祥林嫂一步步地推到精神和肉体毁灭的境地。小说的主题是作者通过祥林嫂这个底层妇女的悲惨经历,揭露了中国封建礼教"吃人"的本质,连底层的群众都受到封建礼教的毒害。

三、活动2:完成任务2——人们的目光对祥林嫂有什么意义?

教师总结:人们的目光既是权力又是意义。人们对祥林嫂表现出来的是极度的冷漠,毫无人与人之间的温情。在他们眼中,祥林嫂是"不祥的",而且也不具备"人"的资格与权利,祥林嫂的被处置是"合情合理"的。人人都相信他们有权力处置祥林嫂。他们把本来就处于边缘的祥林嫂彻底排斥出社会。从这个意义上来说,他们的目光是权力。鲁镇的人冷漠的目光摧垮了祥林嫂关于"来世"的生存信念,更使她深陷于"求生不能,求死不敢"的恐惧境地。从这个意义上来说,他们的目光又是意义。

四、活动3:探究怎样避免祥林嫂式的悲剧

1.祥林嫂式的悲剧是什么?

首先,明确是谁杀死了祥林嫂。在那个时代,底层女性是没有地位的,祥林嫂是婆家买来的商品,社会也认可婆婆对祥林嫂的支配权,即使读书人鲁四老爷也不例外,可见当时封建礼教的影响之深之甚。

其次,如果说是封建礼教戕害了祥林嫂,那么具体的执

行者是谁呢？从小说中可以看出，直接害死祥林嫂的是冷漠的鲁镇人，他们从精神到肉体全方位地绞杀了祥林嫂。鲁迅先生认为，做了奴隶被奴役，一旦有机会也会去奴役他人，鲁镇人是这样，当时的很多中国人也是这样。

所以，杀死祥林嫂的是封建礼教和深受其毒害渗透的普通民众。

2.怎样避免祥林嫂式的悲剧？

提示：①每个人身上都或多或少带着民族性格的弱点，要敢于正视和克服这些弱点。

②树立"仁爱"观念，多给他人善意的目光。

③培养理性思考的能力，不人云亦云。

④用文明的社会制度来保障个人的权利，个人的幸福是与时代的进步息息相关的。

五、活动4：跨媒介阅读

请同学们课下观看电影《祝福》，搜索电影知识，写一篇短文，谈谈你对电影结尾祥林嫂怒砍门槛的看法。

提示思路：

1.以小说的角度看，电影结尾祥林嫂砍门槛是不合理的。一是祥林嫂自身的经历没有提供她"觉醒"的条件。二是她的生存环境也没有为她提供"觉醒"的外在条件，唯一有可能帮助她解除精神痛苦的"我"也选择了逃避。三是小说的主题是想通过祥林嫂被毁灭的悲惨经历，来唤醒国民麻木冷漠的灵魂。而电影结尾砍门槛的情节，会削弱主题的力度。

2.从电影的角度看,电影导演为什么这样安排结尾呢?是导演不理解小说《祝福》的主题吗?显然不是。一是与两者的媒介不同有关。小说是以文字为媒介,读者可以无限地反复阅读和思考。电影是以影像为媒介,更注重视觉、听觉的吸引力。另外,观众观看电影有时间限制,有观影条件的限制,不像小说那样方便无限观看,所以电影更重视从视觉、听觉方面追求情节的吸引力。二是小说和电影的宣传目的不同,小说是唤醒国民麻木冷漠的灵魂,可以沉重,可以悲惨,目的是引人深思;而电影是给人激励和希望,所以要给观众一个光明的结局,而不是给观众讲一个悲惨的故事,让观众带着悲伤的情绪离开电影院。

【教学反思】

1.任务1"作品中的各种人物是怎样看待祥林嫂的"这一设计很巧妙,可以帮助学生快速理清小说的情节,提炼出小说的主题,进而实现"长文短教"的目的。

2.任务2"人们的目光对祥林嫂有什么意义"的设计,有助于提升学生的思想认识,但难度较大,教师可以多做讲解。

3.学生对"活动4"颇有兴趣,但对电影的表现意图并不太理解,所以直觉认为电影结尾不合理,却又说不出理由。建议在第四单元跨媒介阅读学习时,师生可以多去了解一些关于影视艺术的基本知识。

认识"精神胜利法"
——《阿Q正传》教学设计

【设计说明】

本单元属于统编版高中语文选择性必修下册第二单元，单元的人文主题是"时代镜像"，学习任务群属于"中国现当代作家作品研习"。本课节选了《阿Q正传》全文的第二、三章。鉴于《阿Q正传》全文篇幅不长，为了让学生更好地理解文章的内涵，本教学设计要求学生通读该小说全文。

【学习目标】

1. 分析阿Q的人物形象，认识"精神胜利法"的内涵。
2. 赏析小说幽默、夸张、讽刺的艺术手法。
3. 提升思想认识，培养反思自省意识，促进精神成长。

【学习任务】

1. 参考《反对党八股》某段的说理思路，写一篇"谨防精神胜利法"的议论性文章。
2. 对比《祝福》和《阿Q正传》两篇小说，试着分析其语言风格不同的原因。

【教学时长】

3课时。

【教学过程】

一、活动1：课下通读小说，课上师生共同梳理各章内容

第一章　序：介绍阿Q的身份、地位。

第二章　优胜记略：展示阿Q"怕硬"时"精神胜利法"的表现。

第三章　续优胜记略：继续展示阿Q"欺软"时"精神胜利法"的表现。

第四章　恋爱的悲剧：记叙阿Q拙劣的求爱事件，继续表现阿Q的"精神胜利法"。

第五章　生计问题：阿Q因求爱一事被未庄排斥，无法生存，因而离开未庄。

第六章　从中兴到末路：阿Q回到未庄后，人们以为他发达了而对他产生敬畏，后因赵太爷的怀疑和自己曝出做偷儿的真相，阿Q重新被鄙薄。

第七章　革命：阿Q对"革命"的理解是"造反"，是得到人们的敬畏，是抢夺财产和女人。假洋鬼子和赵秀才也不懂革命，抢了尼姑庵的香炉。

第八章　不准革命：阿Q找假洋鬼子加入革命党被打出来，阿Q以为赵家遭抢劫是假洋鬼子不准他参加革命。两个阶层的人都不懂辛亥革命。

第九章 大团圆：写阿Q被当作赵家的抢劫者被捕、受审和被处决。

二、活动2：初步认识"精神胜利法"

1.自读小说，梳理"阿Q挨打"的情节，完成表格。

2-4 "阿Q挨打"情况一览表

被谁打	原因	阿Q对策	结果
赵太爷	说姓赵	儿子打老子	高赵太爷一等
闲人们	忌讳说疤	总算被儿子打了第一个自轻自贱	心满意足 得胜
失去赢钱	庄家算计	自打嘴巴当打别人	
王胡	比虱不过	欺负小尼姑	得意
假洋鬼子	骂人秃驴		遗忘痛苦
赵秀才	求爱吴妈	遗忘错误	一无挂碍
—	—	小结：忘却耻辱	小结：精神上永远胜利

2.根据上面表格的内容，概括一下阿Q的"精神胜利法"。

阿Q的"精神胜利法"，就是用幻想的胜利麻醉自我，忘却耻辱，从而逃避人生的困难，这是对待人生的无能、无力、无效的办法。精神胜利法，实质是一种精神鸦片，是精神扼杀法。

3.对比理解"精神胜利法"。

（1）韩信忍受胯下辱，勾践卑贱地服侍夫差，这些是不是"精神胜利法"的表现？

不是，这是"忍一时风平浪静，退一步海阔天空"的人生智慧，类似的说法还有"小不忍则乱大谋"。明确自己的大志，就不会为了一时的委屈而冲动，就不会意气用事。

（2）别人住豪宅开名车，我住平房骑自行车，日子照样有滋有味。

如果是正确地认识自己的实力，正确地对待自己与他人的差距，从而以良好的心态去迎接生活，就不算是"精神胜利法"。如果是为自己不上进甚至逃避困难找借口，就属于"精神胜利法"。

三、活动3：探究"精神胜利法"的根源

鲁迅先生的用意并不是为了讲述阿Q的可笑故事，重要的是他提出了潜在的问题——"为什么"和"怎么办"。为什么会出现"精神胜利法"呢？

教师提供思考路径：请仔细阅读小说，然后从阿Q自身和当时的社会环境两方面思考。一个人有什么样的命运，一定有他自身的原因，所谓"可怜之人必有可恨之处"；要从社会环境找原因，因为人是社会环境的产物。

1.分析阿Q的人物形象。

（1）阿Q的自身情况。

既没有——姓名、籍贯、财产、家庭、房产、妻儿……

也没有——理想、追求、反思，甚至痛苦（因为善忘耻辱）。

也没有——对过去的追忆，对现时的把握，对未来的憧憬。

小结：他是一个社会底层人，似乎没有"社会人"该有的

东西,套用阿Q自己的说法"我是虫豸"。

（2）阿Q的处世方式。

自称姓赵——攀附强者的心态。

所有未庄的居民,全不在他眼睛里——莫名地自尊自负。

忌讳说"疤"——忌讳自身缺点。

挨打时的反应——自我麻痹。

喊假洋鬼子"秃驴"——惹事又不敢承认。

向吴妈求爱——挨打后很快忘记。

傲然说出做小偷的底细——不以偷为耻。

……

小结：从处世方式看,阿Q盲目自尊又轻易自贱,欺软怕硬,用善忘逃避屈辱,用"精神胜利法"麻痹自己。

2.分析阿Q的外因：社会环境。

（1）人们认为阿Q"弱",他们：

故意取笑阿Q的癞疮疤,激怒他打他。

认为阿Q即使真姓赵也不该胡说,甚至会因为阿Q被赵太爷打了嘴巴而尊敬他。

……

小结：大家欺负阿Q,实际和他欺负小尼姑的性质相同,都是恃强凌弱。

（2）人们认为阿Q"强",他们：

阿Q因偷"发迹"后,人们且怕且敬且妒。阿Q喊"造反"时,赵太爷也是"怯怯的"。

家有文化人的赵太爷猜到阿Q的底细,却还是派人请阿

Q进门,只为要买便宜的旧衣物。

女人们也不防备阿Q了,主动喊住他,只为要买旧衣物。

小结:未庄是一个欺软怕硬、人人没有道德准则、人人都没有尊严的社会。

3.人们围观阿Q:

人们满足地笑看阿Q欺负小尼姑。

城里人不满意阿Q游街竟不唱戏,害他们白跟了。

……

小结:人们麻木不仁,没有正义感,以欣赏他人的痛苦为乐。

总结:阿Q生活的社会环境,人人都欺软怕硬,没有正义感、道德准则和人格尊严。这是一个封闭停滞的社会,即使大革命也改变不了的社会。简言之,这就是一个塑造阿Q式国民的环境。

四、活动4:赏析小说的语言艺术

1.赏析幽默、夸张、讽刺等艺术手法。

使用幽默、夸张、讽刺等艺术手法是《阿Q正传》小说语言的鲜明特色。

(1)教师示例1:"幽默+夸张"的手法。

例句:

> 于是他渐渐的变换了方针,大抵改为怒目而视了。
>
> 谁知道阿Q采用怒目主义之后,未庄的闲人们便愈喜

欢玩笑他。

赏析：作者采用了大词小用的方法，寓庄于谐，达到幽默而夸张的效果。例如，将阿Q"口讷的他便骂，气力小的他便打"的行为改为"怒目而视"，称作"变换了方针"；将阿Q的"怒目行为"上升为"怒目主义"，既表明阿Q的"怒目行为"经常发生，又表明阿Q已经将"怒目"当作抗议说疤的处世哲学。

（2）教师示例2："讽刺+幽默"的手法。

例句：

然而阿Q虽然常优胜，却直待蒙赵太爷打他嘴巴之后，这才出了名。

……未庄通例，倘如阿七打阿八，或者李四打张三，向来本不算一件事，……一上口碑，则打的既有名，被打的也就托庇有了名。……穿凿起来说，或者因为阿Q说是赵太爷的本家，虽然挨了打，大家也还怕有些真，总不如尊敬一些稳当。否则，也如孔庙里的太牢一般，虽然与猪羊一样，同是畜生，但既经圣人下箸，先儒们便不敢妄动了。

赏析：阿Q被更有名的赵太爷打后，人们怕阿Q万一真是赵太爷的本家，所以便给阿Q一些"尊敬"。这个细节幽默地讽刺了未庄人对上层人物的畏惧、崇拜和奴性。其实，这也是阿Q说姓赵的深层心理原因。把挨赵太爷打的阿Q比喻为庄重场合"孔庙里的太牢"，幽默地讽刺了未庄人担心阿Q真姓赵而有所忌惮的可笑。

（3）学生自行从小说中找出幽默、夸张、讽刺的语句，写出赏析文字。（略）

2.赏析富有表现力的语言。

《阿Q正传》小说的语言除了体现在幽默、夸张、讽刺等艺术手法外，还体现在富于表现力的词句上。

（1）教师示例1。

例句：

> 到进城，已经是正午，阿Q见自己被挈进一所破衙门，转了五六个弯，便推在一间小屋里。

赏析：与直接说成"阿Q被挈进"相比，在"阿Q见自己……"这种新奇的表达里，给人的感觉是阿Q抽离自身成为一个旁观者看着自己的行动，这表现出阿Q对自己被捕处于懵懂、麻木、恍惚的状态，完全不清醒，也表现出作者对阿Q的讽刺、同情等复杂的情感。

（2）教师示例2。

例句：

> "好！！！"从人丛里，便发出豺狼的嗥叫一般的声音来。

赏析："豺狼的嗥叫"一语双关，既表现出围观人群对阿Q喝彩声音的难听，也暗示了包括围观人群在内的各种人，对阿Q来说何尝不是豺狼。"豺狼"也是作者对封建统治下的人与人之间关系的概括认识。

（3）学生自行从小说中找出其他富于表现力的词句，写出赏析文字。（略）

五、活动5：课后作业

1.参考《反对党八股》某段的说理思路，写一篇"谨防精神胜利法"的议论性文章。

2.对比《祝福》和《阿Q正传》两篇小说，试着分析其语言风格不同的原因。

提示：同样是批判愚昧麻木的国民性的悲剧小说，二者的语言风格不同，与主题的差异有关。《祝福》主要揭露的是封建社会里愚昧的封建礼教对人格正常的底层妇女的无情绞杀，批判重心在社会环境，小说的语言风格严肃甚至沉重。而《阿Q正传》主要揭露的是封建社会里底层男人因为自身的劣根性必然走向毁灭的人生悲剧，批判重心在个体，所以使用幽默、夸张、讽刺的语言，以引起人们的注意和深思。

【教学反思】

1.以"阿Q挨打"为切入点，教学效果很好，帮助学生提纲挈领地梳理小说的情节，打消了学生对"长文"的畏难情绪，能够实现"长文短教"的目的。

2.本设计针对的是基础薄弱的学生，限于学生的阅读积累和思想认识，教师应多加讲解，比较分析，引导学生完成核心任务。

3.针对自学能力较强的学生，教师可以引导学生先回顾

《反对党八股》某段的说理思路,拟定"谨防精神胜利法"的说理思路;然后再细读《阿Q正传》,梳理出本设计的"活动链";最后整合"活动链"的学习成果和拟定"谨防精神胜利法"的说理思路,完成核心任务。

赏析"林黛玉进贾府"中"先犯后避"的叙事艺术

——"《红楼梦》重要情节精读"教学设计

【设计说明】

在《红楼梦》的通读阶段,指导学生运用金圣叹的"先犯后避"理论,精读赏析《红楼梦》的重要情节"林黛玉进贾府"的写人叙事艺术,一是激起学生的阅读兴趣,二是希望学生能举一反三,有意识地运用这一传统的小说创作技巧,去欣赏《红楼梦》的其他事件,如刘姥姥三进荣国府、大观园的诗社活动、贾府四季的节日活动、生日宴会等,从而提升学生阅读欣赏《红楼梦》的能力。

【学习目标】

学习使用"先犯后避"的理论,提高小说的阅读鉴赏能力。

【学习任务】

梳理小说中运用"先犯后避"的例子,赏析"先犯后避"在写人叙事方面的精妙之处。

【教学时长】

2课时。

【课前预习】

熟读课文。

【教学过程】

一、导语（略）

二、活动1：请按人物分组梳理文中描写"笑"的例句，并结合语境分析每处"笑"的表达妙处

1.教师示例。

2-5 "林黛玉进贾府"中"笑"的梳理赏析示例表

	人物	例句	妙处
笑	丫鬟们的"笑"	①坐着几个穿红着绿的丫头，一见他们来了，便忙都笑迎上来。②茶未吃了，只见一个穿红绫袄青缎掐牙背心的丫鬟走来笑说道："太太说，请林姑娘到那边坐罢。"③丫鬟进来笑道："宝玉来了！"	谦恭有礼、训练有素，呼应前文"外祖母家与别家不同"
	……	……	……

2.师生讨论并完成表格。

2-6　"林黛玉进贾府"中"笑"的梳理赏析一览表

	人物	例句	妙处
笑	丫鬟们的"笑"	①坐着几个穿红着绿的丫头，一见他们来了，便忙都笑迎上来。 ②茶未吃了，只见一个穿红绫袄青缎掐牙背心的丫鬟走来笑说道："太太说，请林姑娘到那边坐罢。" ③丫鬟进来笑道："宝玉来了！"	谦恭有礼、训练有素，呼应前文"外祖母家与别家不同"
	王夫人的"笑"	①（问月钱）王夫人一笑，点头不语。 ②王夫人笑指向黛玉道："这是你凤姐姐的屋子……" ③（说起宝玉时）王夫人笑道："你不知道原故……"	对侄女默契配合与办事得力的赞许 礼貌 慈爱
	邢夫人的"笑"	①时贾赦之妻邢氏忙亦起身，笑回道："我带了外甥女过去……" ②（黛玉婉拒留饭时）邢夫人听说，笑道："这倒是了。"	对婆婆恭敬 客气，得体
	黛玉的"笑"	①黛玉忙陪笑见礼，以"嫂"呼之。 ②邢夫人苦留吃过晚饭去，黛玉笑回道："舅母爱惜赐饭……望舅母容谅。" ③因陪笑道："舅母说的，可是衔玉所生的这位哥哥？……"	有礼貌，有良好的教养，也呼应了前文的"时时在意"

续表

	人物	例句	妙处
笑	王熙凤的"笑"	①一语未了,只听后院中有人笑声,说:"我来迟了,不曾迎接远客!" ②因笑道:"天下真有这样标致的人物……"	个性张扬,高调,暗示她在贾府的特殊地位;在贾母面前表现自己的热情,为人精明,八面玲珑
	贾母的"笑"	①贾母笑道:"你不认得他……你只叫他'凤辣子'就是了。"	喜欢王熙凤
		②贾母笑道:"我才好了,你倒来招我……快再休提前话。"	
		③贾母笑道:"正是呢,你也去罢,不必过来了。"	礼节性回应儿媳
		④贾母笑道:"你舅母你嫂子们不在这里吃饭。你是客,原应如此坐的。"	疼爱黛玉
		⑤贾母因笑道:"外客未见,就脱了衣裳,还不去见你妹妹!"	
		⑥贾母笑道:"可又是胡说,你又何曾见过他?"	
		⑦贾母笑道:"更好,更好,若如此,更相和睦了。"	宠溺宝玉
	探春的"笑"	探春笑道:"只恐又是你的杜撰。"	兄妹关系融洽,也暗示探春饱读诗书
	宝玉的"笑"	①宝玉看罢,因笑道:"这个妹妹我曾见过的。" ②宝玉笑道:"虽然未曾过他,然我看着面善,心里就算是旧相识……"	喜欢黛玉,呼应"木石前盟",也暗示二人日后的感情发展

续表

人物	例句	妙处
宝玉的"笑"	③宝玉笑道:"我送妹妹一妙字,莫若'颦颦'二字极妙。" ④宝玉笑道:"除《四书》外,杜撰的太多,偏只我是杜撰不成?"	与探春兄妹关系融洽

有些人物的笑,一看便知表现何种心理,如王夫人的"笑"之例②和例③,表现了王夫人对黛玉和贾宝玉的"慈爱"。但也有个别例句需要教师点拨,如例①句反映了王夫人的隐秘心理,需要结合语境来分析:王夫人吩咐王熙凤给黛玉找衣料,实际上还有向贾母表现自己对黛玉关心的用意;而王熙凤说"我先料着了""我已预备下了",也有此用意,所以王夫人的"笑"是会心的笑,表达了对侄女默契配合与办事得力的赞许。

教师补充1:我们不要误认为林黛玉是一个只会作诗的书呆子,只会耍小性子的任性少女,单从她的"笑"便能看出,其实她有足够的智慧应付人情世故。

教师补充2:说宝玉杜撰的一定是探春而不能是迎春、惜春,前文探春的肖像描写"文彩精华,见之忘俗"已暗示出她的学识。在后面的章节中,小说也多处表现了探春的远见卓识和管理才能。

3.师生总结。

(1)"笑"的妙处。在本章节中,"笑"的细节描写符合生活逻辑:"笑"本来就是人际交往中使用最多的表情,符合贾府迎接黛玉的喜庆气氛,也从侧面展现出贵族世家的良好教养。"笑"也符合叙事需要:在有限的篇幅内,用相同的细节写出不同人物的内心和个性,用笔俭省,对比鲜明。

(2)教师总结"先犯后避"。显然,作者有意重复多次描写"笑"的细节,也有意表现出"笑"的不同。金圣叹在研究《水浒传》时发现:书中有不少重复的情节,比如武松打虎后,又写李逵杀虎;写江州劫法场后,又写大名府劫法场;等等。作者却能巧妙地写出情节和人物形象的差异,不会让读者产生重复感。金圣叹将这种有意重复称为"犯",有意避免重复称为"避"。"先犯后避"的技巧在《红楼梦》中有多处表现,阅读时要注意仔细体会。

4.布置课后作业。

本章节中还多次使用"忙"字,请同学们参照"笑"的分析方法,在课下用表格形式梳理赏析"忙"字的妙处。

三、活动2:梳理王熙凤和贾宝玉二人的"出场",赏析"先犯后避"的妙处

1.结合小说的内容,完成下面表格。

2-7　王熙凤和贾宝玉"出场"梳理赏析一览表

犯	避	妙处
晚出场	①时间不同：王熙凤是在黛玉见过贾母等人后。贾宝玉则是在吃过晚饭后 ②理由不同：王熙凤是自己说找缎子。贾宝玉则是王夫人说去庙里还愿 ③方式不同：王熙凤是人未到笑先闻。贾宝玉则是第二次露面才正式相见	①王熙凤的出场时机符合管家的身份。她必须自述理由，其目的是表现给贾母看。独特的出场方式与她在贾家的地位及张扬高调的个性相符 ②贾宝玉两次出场的方式体现了贵族家的教养，也符合生活逻辑 ③二人晚出场是错落有致地刻画众多人物的需要，必须为这两个重要人物留出充足的叙事空间。与王熙凤出场时的快节奏比，对贾宝玉的两次出场，作者有意放慢叙事节奏
服饰描写	王熙凤：先写整体感受，后从上到下详写 贾宝玉：先从上到下详写，再回头写颈上的"玉"	①从生活逻辑看，王熙凤的耀眼服饰符合她管家的身份和张扬的个性。宝玉的两次服饰描写，则符合豪门贵公子的生活实际 ②从叙事需要看，先写王熙凤服饰的整体感受，暗示出耀眼的视觉冲击。贾宝玉的服饰描写则暗示"玉"的重要

续表

犯	避	妙处
肖像描写	王熙凤：美中含威 贾宝玉：美中含情	分别塑造出王熙凤"美丽女强人"和贾宝玉"多情佳公子"的形象
对话黛玉	①交流方式不同：王熙凤与黛玉没有真正的对话，两段话都是自说自话。贾宝玉则与黛玉一问一答 ②关注点不同：王熙凤重在表现自己。贾宝玉则关注黛玉的情况 ③对话目的不同：王熙凤并不真心关心黛玉，她的关心是表演给贾母看的，为了讨贾母欢心。贾宝玉则对黛玉抱有好感和好奇心	①从生活逻辑看：王熙凤的言语符合嫂子和管家的双重身份。贾宝玉的言语则符合孩子的好奇心理 ②从叙事需要看：王熙凤的言语表现了其精明世故，暗示了她讨贾母喜爱的原因。贾宝玉的言语则表现出他对黛玉的喜欢，为日后二人感情的发展埋下伏笔

教师补充：同林黛玉一样，王熙凤也被很多读者误解，认为她虚伪、狠毒、贪婪、虚荣等，却忽略了她的精明能干、擅长管理、善于识人等闪光点。《红楼梦》的判词"凡鸟偏从末世来"，赞扬她是"末世的凤凰"，她是中国文学史上少有的硬气女人。同学们阅读《红楼梦》时一定要认真体会。

2.教师总结。

通过上面的赏析活动发现，"先犯后避"的叙事理论符合生活逻辑和叙事需要。"先犯后避"的理论是古代小说批评家对我国古典小说创作规律的一种总结和概括，广泛地应用于人物和情节的设计之中。在以描写女人为主的《红楼梦》中如此,在以描写男人为主的《水浒传》中也如此,在以描写悟空与妖怪打斗为主的《西游记》中亦是如此。请同学们在阅读《红楼梦》的过程中,要着重关注"先犯后避"这一叙事手法在小说中的运用,从中体会本书叙事艺术的精妙之处。

【教学反思】

1.以"笑"的细节和"出场"的情节为切入点很巧妙,学生能快速梳理清楚这一章节的内容,进而意外地发现自己忽略的细节描写和情节设计中,竟蕴藏着如此匠心的叙事艺术,从而激发出继续阅读的兴趣。

2.本设计的意图在于以"林黛玉进贾府"这一重要情节为例,引导学生了解"先犯后避"的叙事艺术,进而举一反三,提高阅读和欣赏《红楼梦》整本书的能力。

晴雯"巧"补雀金裘为何得"勇"评?

——"《红楼梦》回目思辨性阅读"教学设计

【学习目标】

通过探究《红楼梦》回目里"一字定评"的合理性,建构思辨性阅读的流程——质疑定论,梳理文本事实,多角度分析因果逻辑,得出结论,并形成迁移能力。

【教学时长】

1课时。

【教学过程】

一、活动1:教师质疑定论

《红楼梦》第五十二回的回目是"勇晴雯病补雀金裘",对晴雯补雀金裘一事,作者为何不用"巧"字而是用"勇"字评价呢?这个"勇"字的评价合理吗?请细读第五十二回的相关内容,把找出的依据写在学案上。

二、活动2:梳理文本事实

1.教师提问。

（1）"雀金裘"是什么物品？

（2）晴雯病补雀金裘时，她面临的困难是什么？

（3）用"勇"字来评价合理吗？

2.学生细读小说，从中找出答案。

（1）阅读原文相关内容。

贾母便命鸳鸯来："把昨儿那一件乌云豹的氅衣给他罢。"……

宝玉看时，金翠辉煌，碧彩闪灼，又不似宝琴所披之凫靥裘。只听贾母笑道："这叫作'雀金呢'，这是俄罗斯国拿孔雀毛拈了线织的。"……回说："太太看了，只说可惜了的，叫我仔细穿，别遭踏了他。"贾母道："就剩下了这一件，你遭踏了也再没了。这会子特给你做这个也是没有的事。"

明确：这段文字描述了雀金裘是一件非常漂亮也非常珍稀的外套大衣。

（2）阅读原文相关内容。

晴雯方才又闪了风，着了气，反觉更不好了，翻腾至掌灯，刚安静些。……宝玉道："今儿老太太喜喜欢欢的给了这个褂子，谁知不防后襟子上烧了一块，幸而天晚了，老太太、太太都不理论。"一面说，一面脱下来。麝月瞧时，果见有指顶大的烧眼，说："这必定是手炉里的火迸上了。这不值什么，赶着叫人悄悄的拿出去，叫个能干织补匠人织上就是了。"……

婆子去了半日，仍旧拿回来，说："不但能干织补匠人，就连裁缝绣匠并作女工的问了，都不认得这是什么，都不敢揽。"麝月道："这怎么样呢！明儿不穿也罢了。"宝玉道："明儿是正日子，老太太、太太说了，还叫穿这个去呢。偏头一日烧了，岂不扫兴。"

这段文字，说明了：①能工巧匠都不认得，更不敢织补，一是呼应了雀金裘的珍稀和难补，二是反衬晴雯的手艺十分高超。②晴雯还在病中，状态很不好；织补时间很短，只有一个晚上。

明确：晴雯补雀金裘面临的困难是，裘珍稀，裘难补，时间短，晴雯状态差，可以说补裘是一项艰难的任务。

（3）阅读原文相关内容。

晴雯道："这是孔雀金线织的，如今咱们也拿孔雀金线就像界线似的界密了，只怕还可混得过去。"麝月笑道："孔雀线现成的，但这里除了你，还有谁会界线？"晴雯道："说不得，我挣命罢了。"……

一面说，一面坐起来，挽了一挽头发，披了衣裳，只觉头重身轻，满眼金星乱迸，实实撑不住。若不做，又怕宝玉着急，少不得狠命咬牙捱着。……晴雯先将里子拆开，用茶杯口大的一个竹弓钉牢在背面，再将破口四边用金刀刮的散松松的，然后用针纫了两条，分出经纬，亦如界线之法，先界出地子后，依本衣之纹来回织补。补两针，又看看，织补两针，又端详端详。无奈头晕眼黑，气喘神虚，补不上

<u>三五针，便伏在枕上歇一会</u>。

宝玉在旁，一时又问："吃些滚水不吃？"一时又命："歇一歇。"一时又拿一件灰鼠斗篷替他披在背上，一时又命拿个拐枕与他靠着。急的晴雯央道："小祖宗！你只管睡罢。再熬上半夜，明儿把眼睛抠搂了，怎么处！"宝玉见他着急，只得胡乱睡下，仍睡不着。

一时只听自鸣钟已敲了四下，刚刚补完；又用小牙刷慢慢的剔出绒毛来。麝月道："这就很好，若不留心，再看不出的。"宝玉忙要了瞧瞧，说道："真真一样了。"<u>晴雯已嗽了几阵</u>，好容易补完了，说了一声："补虽补了，到底不像，我也再不能了！"嗳哟了一声，便身不由主倒下了。

从这段文字看，首先，晴雯能一眼认出雀金裘是"孔雀金线织的"，并且知道如何织补，直接表现了晴雯手艺高超。其次，这时晴雯还在病中，身体虚弱，忍着生病的痛苦，也"挣命"为宝玉补雀金裘，只因为不想宝玉被王夫人责骂。

小结：晴雯能接下补雀金裘的任务，一是有"艺高人胆大"的勇气；二是晴雯不愿宝玉为难，硬撑着病体补雀金裘，可谓"忠勇"，所以给"勇"的评价是合理的。

三、活动3：跨章节阅读，多角度分析因果逻辑

1.教师提问：请根据原文思考，如果晴雯不补雀金裘会有什么后果？或者说她是否可以不补？

从晴雯的角度来说，如果晴雯因病体"撑不住"，或者怕

补雀金裘不成功砸了自己的手艺，从而选择不补雀金裘，并不会影响宝玉对她的印象。可以说，不补雀金裘对晴雯没有不良后果，而且也不会加重病情。

从宝玉的角度来说，如果晴雯不补雀金裘，被贾母知道雀金裘被烧了一个小洞后，极有可能会受到贾母和王夫人的批评，但也仅此而已，不会受到惩罚的。所以说，晴雯不补雀金裘，对宝玉也不会有什么严重后果。

2.既然晴雯不补雀金裘也不会有严重的后果，为何还硬要"狠命咬牙捱着"补裘呢？请探究一下"勇"的深层原因，并写在学案上。

提示：除了这一回目，还要参看其他回目里关于晴雯的内容。例如，第三十一回"撕扇子作千金一笑"、第七十四回"惑奸谗抄检大观园"、第七十七回"俏丫鬟抱屈夭风流"等。

（1）从上面的原文看，晴雯在忍病补雀金裘时，宝玉也不去睡觉，文中一连用四个"一时"表现了宝玉的不忍与体贴。从晴雯的角度看，宝玉是真心对她好，所以值得为他"拼命"解忧。

（2）从第三十一回"晴雯撕扇"的相关情节看：

晴雯冷笑着："二爷近来气大的很，……何苦来！要嫌我们就打发我们，再挑好的使。好离好散的，倒不好？"宝玉听了这些话，气的浑身乱战……宝玉听了，便笑着递与他。晴雯果然接过来，嗤的一声，撕了两半，接着嗤嗤又听几声。

晴雯面对宝玉的责骂毫不退缩、不让步，无所畏惧，有着一身硬骨头；而宝玉生气过后，还为了哄晴雯开心让晴雯尽情撕扇子。从这一细节来看，晴雯在宝玉面前没有奴性，宝玉也不摆主子身份，二人在人格上平等相待，超过表面的主仆关系。

（3）从第七十四回"抄检大观园"的相关情节看：

> 到了晴雯的箱子，因问："是谁的，怎不开了让搜？"袭人等方欲代晴雯开时，只见晴雯挽着头发闯进来，豁一声将箱子掀开，两手捉着底子，朝天往地下尽情一倒，将所有之物尽都倒出。

面对来势汹汹的抄检队伍，面对有头有脸的王熙凤等人，晴雯也表现出硬气，可见晴雯本身就是一个内心勇敢、没有奴性的人。

（4）第七十七回中，宝玉独自偷偷出后角门去看望晴雯，晴雯跟宝玉话别，互换贴身旧袄儿等，表明晴雯对宝玉有真挚的爱情，与宝玉是互相欣赏的知心朋友。

四、活动4：得出结论

明确：晴雯之"勇"，一是与她的能力有关，她手艺高超；二是与她的性格有关，她没有奴性，硬气坦荡，甚至敢于对抗她反感的人；三是与宝玉有关，晴雯深爱宝玉，宝玉也真心怜惜晴雯，"勇"是晴雯对宝玉因爱生出的回报。综上，给晴雯"勇"之评是合理的。

五、活动5：课后作业

请以"晴雯何以得'勇'评？"为题目，按"质疑定论，梳理文本事实，多角度分析因果逻辑，得出结论"的思路，写一篇赏析文章。

【教学反思】

1.在本设计教学之前，教师已经带领学生做过思辨性阅读的课例《设计相思局的王熙凤真的"毒"吗？》，也梳理出了"质疑定论，梳理文本事实，多角度分析因果逻辑，得出结论"的思辨性阅读流程，因此，学生对本设计的流程并不生疏，学习中的障碍是学生对文本细读不够充分。

2.在"活动3"的跨章节阅读时，教师直接提前指明相关章节，可以节省学生翻找的时间。如果学生已经读完全本，且阅读能力较强，不妨让学生自己按照"质疑定论，梳理文本事实，多角度分析因果逻辑，得出结论"的思辨性阅读流程，分小组或个人自行完成本设计的思辨性阅读任务。

3.经过两次思辨性阅读实践，学生再看到《红楼梦》回目中的形容词，便能够有意识地质疑"一字定评"的合理性。

构建审题、立意、构思的有效思考路径

——"做好议论文写前准备"教学设计

【设计说明】

学生写作的全过程一般包括审题、立意、构思、成文、修改五个环节,前三个为写前准备环节,直接决定着作文的质量。由于思维的内隐性,学生在这三个环节遇到的思维障碍往往不易被教师发现,因此不能得到及时指导。本设计结合具体的作文题目,利用可视化工具,将审题、立意、构思这三个内隐环节的详细思考过程外化,帮助学生建构合理、易操作的"写前准备"路径,进而提高写作能力。

【学习目标】

运用合宜的思考路径和可视化工具,快速、准确地完成审题、立意、构思等写前思考环节。

【教学时长】

2课时。

【课前准备】

作文题1:

(2022年北京市海淀区高三期末语文试题,第22题)

散文《岭上多白云》的作者称汪曾祺是"一个苍茫远行

者"。其实，我们生活中有很多"远行者"，各自演绎着精彩的故事。

请以"远行者才有故事"为题，写一篇文章，文体不限。要求：思想健康，内容充实。

作文题2：

（2022年北京市东城区高三期末语文试题，第22题）

2022年北京冬奥会，中国向世界发出了"一起向未来"的邀约，呼吁彼此相依，奔向未来。纵观人类文明的发展，"同行"一直是鲜明的主题：无论是"王于兴师，修我甲兵，与子偕行"的壮歌，还是"如果你想走得远，一群人走"的谚语，抑或是"与智者同行，必得智慧"的箴言……都传达出携手并进、不惧荆棘、共赴前路的意愿。

请以"说同行（xíng）"为题，写一篇议论文。要求：论点明确，论据充实，论证合理；语言流畅，书写清晰。

【教学过程】

一、活动1：按步骤完成审题

（一）看作文题1提供了什么显性信息

1.第一遍细读，确定提供了题目"远行者才有故事"。

2.第二遍细读，确定提供了话题范围。由第一句"汪曾祺是'一个苍茫远行者'"，可以判定我们要写"远行者"时，写人最稳妥，可以是个人也可以是群体。当然，远行者还可以是物，如航天器等。由第二句"我们生活中有很多'远行者'"，提示我们写作时要关注现实生活中的远行者。

3.有明确的命题倾向。由第二句形容词"精彩的"可知，命题者对"远行者"持肯定态度，所以我们写作时也持肯定态度最稳妥。

4.提供了观点：题目就是观点，可以直接使用。

5.提供了核心词：远行者，有故事。

（二）看作文题1提出了什么隐性要求

作文题1有以下隐性要求：

1."远行"的含义是什么？

①可以指物理空间上的远行；②可以指思想认识上的高瞻远瞩；③也可以指通过物理空间上的远行，成就思想上的远行。比较容易构思同时也较有价值的理解是③。

2."有故事"的含义是什么？

我们常常说"这是一个有故事的人"，由此推断"有故事"可以是蕴含着特殊意义，有值得弘扬的价值，能给人以某种启示……"远行者才有故事"意味着"远行"体现了某种意义。

3."远行者才有故事"中的"才"字暗示着什么含义？

"远行者才有故事"，暗示对应的是"不远行就没有故事"，远行是"远行者才有故事"的前提。用具体例子来理解，比如苏轼，接连被贬远离京城（远行），经历苦闷后变得豁达，泛舟游于赤壁之下，还能写下《赤壁赋》等千古名篇。如果他不远行，可能就做一个顺风顺水的太平京官，可能就不会成为后世的人格榜样。可见，反面分析便能体现"才"的意味。

二、活动2：按步骤完成立意

立意是确定自己想写什么，能写什么，即清楚而准确地确定自己的观点。事实上，有些同学在准确审题后，也有可能头脑空白，不知道写什么。这时，建议进入以下思考路径。

（一）发现现实问题，确定说理意图和说理对象

说明：议论文的文体特征是说理。现实生活中，没有人会无缘无故地写一篇议论文，总是有目的、有针对性地说理，常见的是针对现实问题说理。

发现现实问题，就是发现作文的话题存在于现实生活中，如有人不懂某个正确的道理，有人虽懂但不践行，等等。高考议论文一直引导学生关注现实生活，不关注现实生活，很难写好议论文。确定说理对象，就是确定道理要讲给谁听，说理对象不同，决定着说理的策略和语言风格等的不同。确定说理意图，就是确定讲道理的目的是什么。写作时，这三点有时明确其一，另两个也就能够确定。考虑明白了这三点，作文就容易聚焦，思路就不易混乱，就不会无话可说了。

明确：对于"远行者才有故事"的作文题，如果确定说理对象为"不远行者"——躺平者，利己主义者，停留在舒适圈者……那么说理意图也就确定了——激励大家追求远行者的价值。

（二）搜集素材。从教材和现实生活中，搜集与作文题目有联系的事例

表述模式示例：

（1）远行者——人物,到远方某地,有某事迹

（2）有故事——远行的价值

（3）才——如果不远行会如何

1.从教材中取例。

（1）统编版高中语文必修上册第二单元的课文《"探界者"钟扬》。上海教授钟扬,远行到西藏高原采集种子,为建立中国"高原种子库"而操劳奔波,最后因被高原反应损害了健康而失去了生命。钟扬教授完全可以不选择远行到西藏,在条件优越的上海高校里做研究,也能取得杰出的成就。但钟扬最终还是选择为种子事业远行,因为他认识到这项事业对我国种子安全的重要性和迫切性。在这个远行者身上,我们看到了知识分子的专业敏锐和把国家需要置于个人生命之上的使命感。

（2）统编版高中语文必修下册第五单元的课文《与妻书》。林觉民怆然写下《与妻书》后,毅然决然地从福州老家远行到广州,参加黄花岗起义,最终因起义失败而牺牲。试想,林觉民不选择远行参加起义而是留下来,他就可以继续过着团圆幸福的生活,从事着一份稳定的事业。在林觉民这个远行者身上,我们看到了烈士将家庭小爱升华到祖国大爱的胸襟,看到先进知识分子的担当和他们为国家所做出的牺牲。

2.从现实生活中取材。

（1）2020年6月,团长祁发宝带领营长陈红军,战士陈祥

榕、肖思远、王焯冉与非法越线挑衅的外军对峙,最后血洒边境,团长祁发宝受重伤,其余四人牺牲。这些热血青年明知在家乡生活更安逸,远方有艰苦甚至有牺牲,但他们还是毅然选择参军,远行到边疆保卫国家安全。在这些远行者身上,我们看到的是当代青年对祖国的热爱与责任。

(2)以黄文秀为代表的扶贫干部,从相对舒适的城市远行到贫穷的农村,带领那里的乡亲们摸索着走上富裕之路。如果他们不选择远行扶贫,在城市打拼自己的事业,肯定更舒适。他们的远行故事,体现了他们把个人价值与国家需要紧密联系的时代责任感。

(3)邓稼先、钱学森等科学家远行到西北戈壁大漠,在极端艰苦的环境下,进行导弹试验,终于研制成功原子弹,有力地保障了祖国的国防安全。他们的远行,让我们看到了不畏困难、为国奉献的使命感,更看到了独立自强、自力更生的民族性格。

(4)鲁迅远行去日本学医,发现身体健壮的中国人却围观同胞被外国人杀头,便决定弃医从文,以文艺唤醒麻木的民众。鲁迅的远行,使他看到以前未认识到的民众麻木的现实,明确了自己的责任应该放在疗救国民的心灵而不是肉体,弃医从文才能发挥更大的价值。如果没有这次远行,也许中国会多一位名医,便少一位启蒙思想家。

小结:审题、立意两个环节,明确了题目、观点、说理对象和说理意图,接下来要思考作文的说理策略。

三、活动3：按步骤完成构思

（一）确定说理策略：确定自己怎样写好

学生通常采用的议论文结构思路是提出问题（是什么）、分析问题（为什么）、解决问题（怎么办）策略。说理策略就是根据具体的作文题，确定分析问题、解决问题二者在论述中的占比分量，即把说理的主体内容放在"为什么"上，还是放在"怎么办"上，还是二者兼顾但以其一为主，一般以第三种情况居多。

选择哪种说理策略，与说理对象的情况有关，是针对现实中很多人不明白这个观点，还是虽然明白但不知怎样做。前一种情况，说理策略应该确定为以"为什么"为主，以"怎么办"为辅；后一种情况，说理策略应该确定以"怎么办"为主，以"为什么"为辅。"远行者才有故事"的说理策略，应该是针对前一种情况。

（二）拟定分论点

为了把道理讲得透彻，一般需要拟定分论点。既然确定"为什么"为说理的主体内容，那么就应该围绕"为什么说远行者才有故事"来拟定分论点。

在拟分论点时，可能有些同学会一时头脑空白。这时不妨尝试将上述例子分类，逆推出分论点。例如：

从鲁迅的远行故事中，逆推出"远行者在新的环境里，有助于突破自己的认知局限，从而成就更好的自己"。

从边防战士的远行故事中，逆推出"远行者在新的环境里,激发出惊人的英雄气概,突破自己的庸常"。

从钟扬、扶贫干部黄文秀的远行故事中,逆推出"远行者在新的环境里更能实现自我价值,更能体现与国家需求同频共振的使命感"。

这样就得到了"远行者才有故事"的三个分论点。

(三)写出有深度好文的方法

如果同学们写完上述三个分论点后,就直接写"我们高中生未来应该做一个远行者"来收尾,虽然也能体现"怎么办"的说理策略,但这样的作文只能算二类文。怎样才能写出有深度的好作文呢?还需要回到立意之初确定的现实问题上,回到说理对象和说理意图上。

补充:我们认识到"远行者才有故事"的道理后,还要怎么办?

例1:我们不能只旁观他人的远行壮举,自己也要投身到时代的洪流中,做社会主义建设和民族复兴大业的远行者。

例2:我们也发现,现实中有很多人缺乏远行者的勇气和使命感,有在自己的舒适区得过且过者,有精致利己主义不肯远行者……

(四)完成提纲

开头提出论点——远行者才有故事

中间论证论点——为什么+怎么办

为什么?

远行者在新的环境里突破自己的局限,从而成就更好的自己。(提炼鲁迅的例子)

远行者在新的环境里激发出惊人的英雄气概,实现英雄壮举。(提炼军人的例子)

远行者在新的环境里追求自我价值与国家使命的同频共振。(提炼钟扬、扶贫干部黄文秀的例子)

怎么办?

不能只为远行者点赞鼓掌,自己却停留在舒适区,缺乏远行者的勇气和使命感。

结尾——我们应该为社会主义建设和民族复兴的大业,敢于做一名远行者。

四、活动4:按步骤完成审题

(一)看作文题2提供了什么信息

1.第一遍细读,确定提供了作文题目和关键词"同行"。

2.第二遍逐句分析。第一句,提供了"同行"提出的背景和内涵——"彼此相依,奔向未来"。第二句,指出验证的角度——纵观人类文明的发展史,也提出观点"同行是人类文明发展的主题"。第三句,从战争、事业发展、个人成长三方面举例,一见"同行"的对象是指人与人之间,"同行"的话题范围不是物理意义上的同行,但也不能与某种高尚品质(如"善良")同行;二见"同行"的内涵是"携手并进、不惧荆棘、共赴前路";三见可以从"为何要同行""如何同行"两个方向进行思考。

将分析结果写出:

话题/观点——同行/同行是人类文明发展史的鲜明主题

核心词——同行

命题者倾向——赞同，肯定

提示思考角度——人类文明发展史

举例类型——战争、事业发展、个人成长

话题范围——人与人之间同行（不能说与某种品质同行）；同行是抽象的，不是物理学意义上的同行，也不是单纯支持，而是有"一起向前发展"的共同目的

核心词内涵——彼此相依，携手并进，共赴未来

（二）看作文题2是否提出了其他隐性要求

没有其他隐性要求。

五、活动5：按步骤完成立意

作文题已经给出论点，我们可以直接借用。

（一）发现"同行"在社会现实中存在的问题，以确定说理对象和说理意图

1. 社会现实中存在的问题。例1，关注国际国内新闻，能了解中国在经济发展和社会进步等方面都很好地践行"同行"理念，而个别国家一直反对"同行"。例2，关注身边的同学，能发现有人拒绝与智者"同行"，以至于阻碍了自己的精神成长……

2. 确定说理意图和说理对象。对例1，如果说理意图是赞扬中国践行"同行"理念，激励国人的爱国精神和民族凝聚力，说理对象可以泛指中国人民；如果说理意图是批评个别敌对国家，呼吁他们要用"同行"理念谋求世界共同发展，

说理对象可以是个别敌对国家,也可以是世界上认同"同行"理念的人们。对例2,说理意图是激励那些不与智者"同行"的同学们与智者"同行",成就更好的自己,说理对象是同学们。

(二)确定说理对象和说理意图后,再针对"同行"提出问题

以例1的说理意图与说理对象为例。

1.中国践行"同行"理念,表现是什么?

国内:①中国各个民族携手共同发展,没有民族矛盾,国家安定。

②推行扶贫政策,携手贫困乡村共同致富,减少社会矛盾,增强人们的安全感、幸福感。

③全国人民携手共同抗击新冠疫情,最终成功控制住疫情,保障了人民的生命安全。

国外:①政治上,中国提倡与各国"和平共处"的原则,营造了和平发展的国际环境。

②经济上,中国倡导"一带一路",携手其他国家和地区共同发展经济。

③遇到灾难时,向非洲等地区的不发达国家和地区提供援助,共同渡过难关。

2.对比联想,不践行"同行"的理念,会有什么影响?举例略。

3.我们认识到"同行"理念后,该怎么做?

提示:高三学生在这个话题背景下应该怎么做,怎么参与到"同行"的时代主题中?

明确:为中国践行"同行"的理念而骄傲,努力增长与国"同行"的能力……

六、活动6:按步骤完成构思

完成写作提纲。

(一)提出观点

"同行"是人类文明发展的必由之路,是世界各国都应遵循的发展理念。

(二)分析观点

1.分论点1:"同行"理念体现着携手并进、不惧荆棘、共赴前路的意愿。如,中国一直践行"同行"理念。

在国内:①中国各个民族携手共同发展。

②推行扶贫政策,携手贫困乡村共同致富。

在国外:①在经济上,中国倡导"一带一路",携手其他国家和地区共同发展经济。

②世界上其他国家和地区遇到灾难时适当伸出援手。

2.分论点2:在当今时代,拒绝"同行"的发展理念,只会给自己和世界带来危机。

(三)提出解决对策

1.践行"同行"的发展理念背后,需要国家的智慧和担当。

2.能否践行"同行"的理念,受本国本民族传统文化的影响。

（四）结尾

高中生认识"同行"理念后，为中国智慧自豪，立志以自己的才华助力中国继续践行"同行"的发展理念。

七、活动7：课后作业

课下完成两篇作文。

【教学反思】

1.通过两节课、两个作文题目的写前思考路径训练，学生在面对议论文题目时，不再头脑混乱，基本能够运用这个思考路径完成写作提纲。

2.教学过程中，教师尤其要注意给足学生思考的时间，万不可用自己的讲解代替学生的思考。

3.写前思考路径的训练，只是帮助学生清楚地思考，找到作文题目隐含的深意，从而写出合格的议论文，这还不足以帮助学生提升思想认识，写出优秀的佳作来。要想指导学生写出优秀的议论文，还需要教师引导学生平常多关注国际国内新闻，多留心生活中的事件，勤思考。另外，需要教师推荐一些优秀的政论文，供学生阅读借鉴。

利用"一材多用"法学习阐释论点
——"议论文写作分析能力提升训练"教学设计

【设计说明】

学生在议论文写作过程中,突破写前的审题、立意、构思三关后,通常遇到的困难是:一是没有积累合适的论据材料;二是不会结合论据材料阐释论点,写出的议论文常有论据扣不住论点的现象。其实,这两个困难只是表象,深层原因是学生没有分析出材料与论点之间的契合点,并加以阐释。本课例设计的设想是,教师提供一个具体的论据材料和一组作文题目,通过训练"一材多用",来提高学生的分析能力。"一材"指使用一个论据材料,是为了让学生充分熟悉材料,减少理解材料的时间,将更多的时间用以分析观点与材料之间的内在联系上;"多用"是将一个论据材料论证多个观点。

【学习目标】

学会分析观点和论据材料之间的逻辑联系,进而提高议论文的写作能力。

【教学时长】

2课时。

【课前准备】

教师提供一篇关于叶嘉莹的生平事迹材料（此略），一组作文题目（见下），均印发给学生。

【教学过程】

一、任务1：结合叶嘉莹的生平材料，分析下面作文题目

（一）（2022年北京市西城区高三一模语文试题，第22题）

2022年立春，40多个来自太行山革命老区河北保定阜平县城南庄镇的孩子，站在北京鸟巢体育场宏大的舞台上，在举世瞩目下用希腊语共同唱出了天籁般的《奥林匹克圣歌》。几年前，他们还站在穷乡僻壤的山村里，不知歌唱为何物。直到有一天，一位曾站立在大城市讲台上的老师站到这个小山村里，教他们发出第一个乐音。直到有一天，几位站立在北京冬奥组委会选拔台上的叔叔阿姨也站到这个小山村里，向他们伸出双手：更大的舞台需要你们……于是，这些原本站在大山深处的孩子站立在祖国首都，站立在全世界面前。

无论何时，无论何人，无论何事，都要面对置身何处、价值几何等问题。请以"你和你站立的地方"为题，自选文体（诗歌除外），自主立意，写一篇文章。要求：思想健康，内容充实，语言流畅，书写清晰。

1.审题。

梳理材料中"你"和"你站立的地方"之间的逻辑关系。

从孩子的角度看,"你站立的地方"(穷乡僻壤的山村)有了新变化(来了大城市的老师和北京冬奥组委会选节目的人),"你"才有了新的变化(原本站在大山深处,后来站立在祖国首都,站立在全世界面前)。从大城市来人(老师和北京冬奥组委会选节目者)的角度看,"你"的努力(从大城市来到穷乡僻壤的山村)能够造福"你站立的地方"(把孩子们带到外面的世界中)。

2.立意。

从孩子的角度立意,可以确定的论点是"你站立的地方能够成就你"。

从大城市来人的角度立意,可以确定的论点是"你能够成就你站立的地方"。

从材料的整体角度立意,可以确定的论点是"你和你站立的地方互相成就"。

3.运用叶嘉莹的材料分析论点"你和你站立的地方互相成就"。

示例:

(1)分论点1:你站立的地方可以成就你。对于叶嘉莹先生,讲授中国古典诗词的讲台就是她所站立的地方。她70余年来一直站在国内外的讲台上讲授中国古代诗词,传递中国古典诗词之美,她本人也最终成为世界著名的中国古诗词研究学者和传播者。叶嘉莹站立的地方为什么能成全她呢?因为她毕生研究的中国古典诗词是一座人类文化的宝库,不仅凝结着几千年来中国人运用古汉语的艺术,还蕴含着中国优秀知识分子对生命价值的体验与追求,所以,长期浸润其中的叶嘉莹,不仅能取得丰硕的研究成果,获得极高的学术荣誉,还带给她力量,使她战胜生活带给她的种种重压,使她成为励志榜样。(说明:不能只是罗列"某人站在某地方,成就了某种成就"的事实,要有一问一答,才能使分析有深度。)

(2)分论点2:你也能成就你所站立的地方。叶嘉莹成为著名的中国古诗词专家,还与她个人的努力和责任感分不开。即使历经早年丧母、无爱的婚姻、苛重的家养、无依的海外飘零、丧女之痛,叶嘉莹也始终没有放弃她心爱的古诗词研究工作,没有放弃传播中国古代诗词文化的责任。晚年受聘于南开大学。她捐资设立"迦陵基金",用于支持中国古诗词研究工作。叶嘉莹先生的这些努力,极大地推动了中国古代诗词的传承。

(二)(2022年北京市海淀区高三期中语文试题,第23题①)

大千世界里,有各种各样的相遇。除了人与人的相遇,还有一路向北的野生亚洲象与人类相遇,2022年冬奥与北京相遇……总有一次相遇美得刻骨铭心。

请展开联想,以"你是我最美的相遇"为题写一篇文章,文体不限。要求:思想健康,内容充实,语言顺畅。

1.审题。

如果写议论文,作文的题目即是论点。写作时需要确定"你"是谁。"你"可以是人,也可以是物,可以写实,也可以写虚。要体现出"最美"的具体所指和原因。

2.立意。

因为要使用叶嘉莹的材料,所以确定"你"是叶嘉莹。选择写议论文,论点即"叶嘉莹,你是我最美的相遇"。

3.结合材料分析论点。

示例:

分论点1:叶嘉莹,你是我最美的相遇。因为我遇到你,才遇到了最美的中国古诗词。从前古诗词于我,是要应付的考试题,读懂古诗词是为了获得高分。读了你的书,我才惊喜地发现,中国古诗词竟有如此精妙幽微的美感;我才体会到阅读古诗词,其实是与优秀诗人进行心灵的对话,于抑扬顿挫的吟诵中,体会他们"诗意"地对待"人生的失意"的情怀。

分论点2:叶嘉莹,我遇到你,就遇到了一个拥有完美人格的人。你有良好的家世,惊人的美貌,卓越的才华,这些却并没有带给你幸福的人生。历经早年丧母、无爱的婚姻、苛重的家养、无依的海外飘零、丧女之痛,你还能沉静甚至优雅地面对人生的种种坎坷,你的身上体现着完美的人格。你的人生经历还让我领悟到,拥有热爱并坚持的事业对一个人是多么重要。因为你,我也想做一个坚强的人,敢于直面自己的脆弱与肤浅,敢于直面人生路上的种种不顺。

(三)(2022年北京市海淀区高三期中语文试题,第23题②)

语文课上,同学们正在展开激烈辩论。一方观点是

"历尽千帆,归来不再少年";另一方观点是"历尽千帆,归来仍是少年"。

请你任选一方观点,联系实际,或破或立,写一篇议论文。要求:自拟题目,观点明确,有理有据。

1.审题。

明确"历尽千帆"和"少年"的具体内涵。不能将"千帆"局限地理解为"磨难",迷惘、成功等也都属于"历尽千帆"的体验。"少年"的内涵,既可以指天真、单纯,也可以指热情、执着等。还要明确"历尽千帆"和"不再少年"或"仍是少年"之间的逻辑关系。

2.立意。

从双方的观点中选择一个作为论点即可,不必自己另拟论点。

3.结合材料分析论点"历尽千帆,归来仍是少年"。

示例:著名的古诗词研究学者叶嘉莹,一直在中外课堂上讲授中国古代诗词,长达70多年。其间,她经历了早年丧母、无爱的婚姻、苛重的家养、无依的海外飘零、丧女之痛等人生磨难,但她依然没有动摇对研究、传承中国古代诗词的初心。不仅如此,耄耋之年的她还先后捐出三千多万元,在南开大学设立"迦陵基金",用于支持中国传统文化的传承与研究。她仍像少年一样保持着对中国古代诗词纯真而执拗的热爱,对喜爱的事物不计个人得失,倾囊付出。为什么她在耄耋之年还能拥有热情执着的少年气质呢?因为她窥探到了中国古诗词无与伦比的美感,因为她有知识分子传承文化的使命感。

(四)(2021年北京市海淀区高三期中语文试题,第23题②)

"十四五"开局之年,某媒体开辟了"中学何为"这一专题,请你围绕"中学应塑造什么样的人"这一话题,写一篇文章,参与讨论。

要求:身份自定,角度自选,题目自拟,观点正确,以理服人。

1.审题。

审题时要注意以下几个信息点:"'十四五'开局之年",暗示了当下的背景;"中学",特定的学段,注意与小学、大学的区别;"身份自定",在行文中应该明确体现;"塑造什么样的人",必须在行文中给予明确的回答。

2.立意。

示例:作为一名高中语文教师,我认为,中学阶段应该培养学生从文学作品中汲取精神力量,来增强对抗人生磨难的能力。

3.结合材料分析论点。

示例:

(1)分论点1:中学阶段是学生的认知能力提升、价值观形成的关键阶段。与中小学生比,高中生已经具备深入理解文学作品思想价值的能力。高中阶段,学生接触的优秀文学作品的数量明显大于小学和初中阶段。

（2）分论点2：经典文学作品中蕴含的语言美和思想美，能够培养出丰盈而坚强的内心。例如，叶嘉莹出身于喜爱诗书的书香之家，从小就种下了热爱古诗词的种子。后来经历了早年丧母、无爱的婚姻、苟重的家养、无依的海外飘零、丧女之痛等人生磨难，她总是让自己沉浸在古诗词的美学意境中，沉浸在古代诗人的生命体验中，沉浸于中国古诗词的研究与教学中，以此来忘却这些世俗的痛苦，所以她历经磨难却总能保持内心的丰盈热情，外表风度优雅，面容不带一丝悲苦。

（五）（2022年北京市石景山区高三一模语文试题，第22题）

明清之际一批思想家提出"经世致用"的主张，认为学问必须有益于解决社会问题；李白吟出"天生我材必有用"的千古名句。庄子则提出"无用之用"；有现代学者认为："读一些无用的书，做一些无用的事，花一些无用的时间，都是为了在一切已知之外，保留一个超越自己的机会。"

对于上面所说"有用"与"无用"的内涵与关系，你有怎样的思考？请自定角度，自拟题目，写一篇议论文。要求：论点明确，论据充实，论证合理；语言流畅，书写清晰。

1.审题。

（1）题目提供了两种观点：一是明清思想家和李白提倡的"一个人必须对社会有用"，一是庄子和有些现代学者认同的"貌似无用的实则都有用"。

（2）命题者没有明显倾向。

（3）需要解释"有用"和"无用"的内涵。在我们的常识中，通常把看得见的、有实用性的事物认定为"有用"，反之认为"无用"。例如，能带来眼见的利益，就是"有用"，而无法带来眼见利益的就是"无用"。

2.立意。

针对现实生活中存在的问题，确定说理意图和说理对象。（略）

确定论点：用眼见的利益来衡量"有用"与"无用"，是狭隘、短视甚至危险的，因为有些"无用"的事物实则非常"有用"。

3.结合材料分析论点。

分论点1：有些看似无用的事物，实际上在潜移默化中起着滋养心灵的大作用。例如，中国古诗词虽不能推动科技的发展，也不能带来经济的增长，貌似"无用"，但其对心灵的抚慰作用无出其右。例如，叶嘉莹出身于喜爱中国古诗词的书香之家，但她经历了早年丧母、无爱的婚姻、苛重的家养、无依的海外飘零、丧女之痛等人生的磨难。她让自己沉浸在中国古代诗词中，从古代诗人那里汲取美和精神力量，来忘却内心的痛苦。正是这看似"无用"的中国古诗词，助她对抗人生的磨难，最后取得卓越的成就，成为中国古诗词研究专家，自己也活成了励志的榜样。

分论点2：有些看似无用的事物，实则它的"有用"难以评估。拍摄文学纪录片"诗词三部曲"的导演陈传兴博士，用多年的时间，专注拍摄华语世界最具影响力的传统派诗人。其中记录叶嘉莹的《掬水月在手》，拍摄三年多，累计票房不足600万。在商业片导演看来，陈传兴做的就是"无用"功，赔钱还没人气。可陈传兴的愿望是用诗歌这个重要的黏合剂，把中华文化和历史以及整个华语世界中的人凝聚在一起。我们怎能用金钱来权衡这是否"有用"？

【教学反思】

1.学生经此"一材多用"法训练阐释观点后，基本上能独自分析论点与材料之间的内在联系，消除了对议论文写作的畏难情绪。

2.在教学过程中，教师一定要留出足够的时间让学生充分审题，动笔写下分析段落；要耐住性子，耐心等待学生的缓慢进步，千万不能自己直接讲解，略过学生的动脑动笔过程。议论文写作是一项复杂的思维活动，绝不是简单听过即会做。